粘着の人

ストーカーという名の宿痾《しゅくあ》

守屋秀勝

Vita
SANGAKUSHA

はじめに●ストーカーとは何者か

ストーカー殺人――。

また起きてしまった。

どれだけ繰り返されれば、ストーカーによる凶行はなくなるのだろうか。

ストーカー事件が社会に与える衝撃はとても大きい。被害者が警察に何度も相談していたにもかかわらず、守りきれずに、悲しい結末を迎えることが多いからだろう。

そのため事件のたびに、

「警察がもっと早く、しっかり対応すべき」

「刑罰をもっと厳しくすべき」

といった議論が繰り返されてきた。

その議論が最初に巻き起こったのが一九九九年に埼玉県桶川市《さいたまけんおけがわし》で起きたストーカー殺人事件だった。事件の衝撃とともに、警察のずさんな対応が社会問題にもなった。すぐさま翌年の二〇〇〇年にはストーカー規制法が成立。ストーカー行為自体が犯罪となった。

以来、事件が起きるたびに警察の対応の不手際、法律の不備などさまざまな問題点が浮き彫りになり、法律の改正、警察での対応の改善などが行われてきた。

以来、四半世紀もの時が流れた。

しかし、ストーカーによる凶悪事件は毎年のように起こり続けている。警察の対応に改善すべき問題があることは間違いない。法律をより良いものにしていく必要性も感じる。ただそれだけではこの先もずっと解決しないだろうことに薄々気付いている人もいるはずだ。

では何が足りないのか。

私は議論を進めるうえで最初に知るべき重要な視点が抜け落ちていると感じている。

それはストーカーの本質、つまりストーカーとは何者かということに目が向けられていないということ。多くの人はストーカー自体を軽く考えたまま、議論が進められてきたのではないかと思うのだ。

「そんなキモいやつのことなんて知りたくないし、知る必要もない」

「さっさと捕まえて、刑務所に放り込んでおけばいい」

苦しんでいる被害者がかわいそうだと思う気持ちはわかる。被害者のことを思えば、加害者がどうなったってかまわないと思うのも理解できる。

しかし、その考えだけでは根本的な解決には至らない。むしろその考えだけでいる限り、必ず次の事件がどこかで起きる。その考えが悲劇を生むきっかけにさえなるかもしれない。

そしてなにより、その考えだけでは被害者を本当の意味で救うことにはならない。

現行法において、ストーカーに与えられる刑罰は一番重い場合で懲役二年、罰金二百万円。これを軽いと考えるか、重いと捉えるかは人それぞれになると思うが、実際にここまでの刑罰を受けることはまれだ。

通常、警察にストーカー被害を訴えても即逮捕になるケースはほぼない。

まず口頭や文書による警告、さらに違反するようなら接近の禁止命令が出される。

多くの場合、警告や禁止命令によって付きまとい、待ち伏せ、電話、メール、ＳＮＳなど、それまで執拗《しつよう》に続いていたストーカー行為は、ぴたりと止まる。

被害者はそこで一旦は安堵感を得るかもしれない。そのまま平穏な時間が続いていくことで、ひとまずの解決に至ることにもなる。警察の介入が一定の効果を発揮して、ストーカー行為をやめる人間が多数いることは確かだ。

しかしストーカーの心の中は別物だ。頭で理解し、考えて行動できるほどドライじゃない。もっともっとウェットでどろりとしていて、いつまでたっても生々しい。その思いに悶《もだ》えながら、自分の殻に閉じこもっていく。相手からの拒絶に対するストーカーの思考や感情は、ひと言で片付けられるほど単純なものではない。その粘着性は想像をはるかに超えていく。

そしてその内なる感情をうまく抑えられず、表面化させる人間もいる。

それは一週間後かもしれない。三カ月後に爆発させるかもしれない。もしくは一年後、三年後……。あるいはたった半日後には被害者の前に立っているかもしれない。

いつあらわになるかわからないし、どんな形で噴出してくるかもわからない。やっかいなことに、ずっと何も起こらないままかもしれない。

それは被害者には決してうかがい知ることができない部分でもある。警察に届ければパトロールを強化してくれるだろう。電話をすれば駆け付けてもくれるだろう。しかし行動しないストーカーに手出しはできない。心の中の粘着度合いを測ることは、だれにもできないのだ。

つまり法律でどれだけ罰則を強化しようとも、警察がどれほど厳しく介入しようとも、ストーカーの身勝手な思い一つで状況は一瞬にして変わる。被害者の前では何も起こらない平穏な時間が流れるなかで、ストーカーは発露を求めて蠢《うごめ》き続けている。

そして、やるやつは、やる。刑務所に収監されようとも、たとえ死刑になるとしても。

〝粘着の人〟に警察や法律は関係ない。

だからこそ、私は言いたい。ストーカー加害者のことをだれもが知るべきだ、と。

しかし、被害者目線から見た加害者を語れる人はいても、ストーカー加害者の視点で語れる人はまずいない。加害者として他人から批判や好奇の目を向けられることを好む人間などいないからだ。

それでも唯一語れる当事者がいる。

私だ。

現在の私はストーカー加害者の更生支援をしているが、過去の私はストーカーだった。相手を「殺そう」と思ったことさえある。

だから私は身をもって知っている。被害者や世間からは見ることのできないストーカー加害者の粘着性を。

恐怖、苦悩、孤独、無力感、怒り、嘆き……。ストーカー事件が起こるたび、私の中に生々しく呼び起こされるあの醜猥《しゅうわい》な感覚にはぞっとせずにはいられない……。

ストーカーは怖い。本当に怖い……。

もくじ

DTP　株式会社 西崎印刷（河岡 隆）

カバーデザイン　遠藤 智子

構成　山口 拓也

第一章●見捨てられる恐怖

■目覚め

私はストーカーだった。今でこそストーカー加害者の更生支援を行い、加害者と対峙しているが、ここに至るまでにはさまざまな苦しみを味わった。ストーカーをやめることの難しさは身をもって知っている。

私がストーカーだったのは、まだその概念のない時代からで、過去に六人の女性に対してストーカー行為を行った。

もちろん昔は自分の行動がストーカーだということは考えてもいなかった。「嫌よ嫌よも好きのうち」なんていう言葉もあり、自分の行動は愛情によるもので、押し続けることに罪悪感などもなかった。それが男気として伝わり、いつか振り向いてくれると信じていた。

しかし、そうそううまくいくはずもない。すると相手に対する執着心は逆に強まり、待ち伏せ、付きまとい、電話やメールなどを繰り返した。さらに拒絶されると孤独を感じ、怒りを覚え、絶望もした。仕事や生活を放り出したこともある。

こうした感情は相手と関係が悪化するたびに、必ずといっていいほど沸き起こった。

正直なところ、そんな気持ちになるのがつらかった。嫌だった。なくせるものならなくしたかった。でもできなかった。そのころはストーカーという概念もなく、理解する方法もなかった。

そして世間にストーカーという概念が定着してきたころ、自分がストーカーと呼ばれる人間なんだろうなということが初めて理解できた。

そう意識し出してからというもの、徐々にではあるが好意を持った相手に対して、できるだけ深入りしないように気を付けるようになった。そして結婚もし、自身がストーカーであったことなどほとんど意識することもなくなった。

ただ、世の中でストーカー殺人事件が起こるたびに、自分もそうなっていてもおかしくなかったという感覚が、心の隅にぼんやりと浮かんだ。もちろん昔のようなストーカーになることはないという自信はあった。

私の日常は平々凡々と流れていた。

二〇一四（平成二六）年二月のことだった。インターネットで何気なくニュース記事を読んでいると、ふと一つの記事が目に付いた。ストーカーに関するものだった。

〝ストーカー〟という言葉につい反応してしまう四十九歳の自分がいる。私はすぐに記事に目を通した。女性カウンセラーがストーカー犯罪について語っていた。そこではこの犯罪を根本的になくすためには、加害者にカウンセリングや治療をして被害者に対する執着心をなくしていくこと、つまり無毒化させなくてはならないと訴えていた。

被害者は加害者が逮捕されたとしても、それで安心できるわけではない。しかし加害者はすぐに社会に復帰してくるし、二度と近づいてこないという保証もないなかでおびえ続けることになる。実際に近づいてくる加害者はいるわけで、被害者を根本的に救済するには、加害者のカウンセリングや治療が必要だといった内容だった。

それまでに被害者を救済しなくてはならないという内容の記事はよく目にはするものの、加害者の更生の視点から語られているものを見たのは初めてのことだった。

〈まさにその通り！〉

私は感銘を受けた。

この記事を目にするまで、ストーカーについて問題意識を持っていたわけでも、深く考えていたわけでもない。

しかし、この記事を読んだことで、過去の自分の行為をより鮮明に思い出した。もちろん過去の自分がストーカー行為を何度も行っていたことを自覚していたし、相手への執着心をなかなかなくせないことも痛いほどわかっていた。

だからこそストーカーがどんな心理で、どんな行動を起こすのかを語るカウンセラーの言葉に共感した。

〈加害者が執着する気持ちから解放されたら、ストーカー犯罪は間違いなく減らすことができる〉

私は過去の自分が求めていたものが、まさにここにあると感じた。

〈ストーカーを本当に理解している人がここにいる。会いたい！〉

私はこの取り組みを行っているカウンセラーと話がしたくてたまらなくなった。

〈この人なら、執着を断ち切った私の話を理解してくれるに違いない。私の過去が役に立つはずだ〉

誰にも語ることのできなかった自分の過去が、ストーカー犯罪をなくすために役に立つかもしれないと思うと、うれしい気持ちがあふれてきた。もう居ても立ってもいられない。気付けばインターネットでカウンセラーの連絡先を調べていた。

そのカウンセラーは、ストーカーをはじめ、DV、性犯罪、セクハラ、パワハラなどの被害者救済のための活動を行っていて、メディアにも取り上げられるほどの人物だとわかった。「思い立ったら即行動」を信条にしている私でも、さすがに突然連絡することはためらわれた。連絡しても会ってくれることもないだろうと思った。

ただ、会うことは難しかったとしても、共感した気持ちだけはどうしても伝えたかった。応援したい気持ちでいっぱいだった。

そう思うと、電話をかけずにはいられなかった。

するとことのほかスムーズにカウンセラーにつながった。そして私の気持ちを伝えると、会ってくれることにもなった。

春を迎えた四月、私は東京で活動するカウンセラーの元へ向かった。普段着なれない背広にネクタイを締め、事務所を訪ねた。

初めて会ったカウンセラーは、きりっとしていて、威厳があった。芯の強さを感じさせる女性だった。

〈メディアに出るような先生がこんな私に会ってくれている〉

身の引き締まる思いだった。緊張感のあるなか、私は言った。

「ストーカーの更生支援というのは、これまでにない素晴らしい取り組みだと思います」

彼女は優しく自身の活動について話してくれた。

「もともとは加害者のカウンセリングをやろうと思っていたわけではないんですよ。私がやっていたのは被害者の救出ですから」

「そうなんですか」

「ええ、最初は被害者のために盾《たて》になり、加害者を追い払おうと思ってました。でも加害者がたとえ捕まったり、刑務所に入ったりしても、社会に戻ってくるとまたストーカーを繰り返すんです。それではいつになっても被害者は安心なんてできないでしょ」

「そうですね。警察に捕まろうと、やるやつはやりますから」

ストーカーの気持ちは実感としてわかる。

そんなストーカーに対して、カウンセラーは臆することなく、被害者のために体を張って対峙していることを知った。すでに数百人の加害者を相手にしてきたという。

「でもじつは加害者も苦しい。ある意味、病気なんです」

衝撃だった。

〈そうなんです、苦しいんです！〉

心の中で叫んでいた。

カウンセラーは続けた。

「だから加害者の凝《こ》り固まった執着心を解かなくてはいけない。加害者が執着しなくなって初めて本当の意味での被害者の救出につながると気付いたんです。そのために更生支援をするしかなかったんです」

私は前のめりになってカウンセラーの言葉に耳を傾けていた。昔自分が苦しんでいた時、この人に出会えていたらどれほど救われただろうと思った。

「電話いただいたとき、守屋《もりや》さんも元ストーカーだとおっしゃっていましたね。だったら気持ちはわかるのではないですか？」

「はい、もちろん！」

私は過去の自分のことを話さずにはいられなかった。もともと私がストーカー行為を何度もしていたこと、ストーカーを脱却することが難しいこと、ストーカーも苦しんでいることなど、隠すことはなかった。あふれだす言葉を止めることができなかった。

カウンセラーは私の言葉に、真剣に耳を傾けてくれた。

話をしていると、心の奥にたまっていたものが吐き出されていくようで、どんどん楽な気持ちになった。こうして話せたことに喜びが生まれた。

そして、私自身も、過去の実体験を生かして、この取り組みをやってみたいと強く思った。

「私もいつか自分で加害者の更生支援活動をやってみたいです。もしお手伝いできることがあったら協力させてください」

「本当にやりたいのなら、カウンセラー養成講習も毎月やっているから、参加して勉強してみたら」

「それはぜひ」

私はすぐに参加することを決めた。


会話は約二時間続いた。充実した時間だった。

「ありがとうございました。素晴らしい活動ですから、もっと多くの人に知ってもらえるといいですね」

私は心の奥で決意を固めていた。

〈俺も必ず加害者更生支援をやる〉

新たな目標を胸に、大阪へ帰る夜行バスに乗った。

出発するとまもなく、車内は消灯した。

私は興奮を押さえつけるため、無理矢理に目を閉じた。頭の中には自分の過去が駆け巡っていた。

■かあちゃん

「ただいま〜」

小学校を終えて家に帰ると、私はすぐに母のもとに駆け寄った。

「かあちゃん、これとってきた」

帰りの道端で見つけて摘んできたフキノトウだ。

「あら、ありがとう」

母はにっこり笑って、喜んでくれた。

その表情を見て、少しほっとした。

そしてランドセルを置いて出掛けようと玄関で靴を履いているときだった。

「ヒデカツ！」と母が金切り声を上げた。

私は委縮するように身構えた。

〈また始まった〉

振り返ると、さっきまで喜んでくれていた母ではなく、まるで別人のような顔つきで、手にははたきを握りしめて立っている。

まるで絵本に出てくる鬼ばばあだと思った。

「どこ行くの！」

「友達と約束があるから」

「まだ宿題やってないだろ！」

私が渋るようにしていると、母は首根っこをつかむように家の中に引き戻した。

「早く！」

「だって……」とむくれるような顔をした。

〝ピシッ〟

「痛っ！」

背中に痛みを感じた。母が手に持っていたはたきの柄で叩いたのだ。

私は声を上げて泣いた。

「言うこと聞いて勉強しろ！」

そう言っては何度も私をはたきで叩いた。はたきは鞭《むち》のようにしなり、私の体に当たるたび、
ピシッ、ピシッと音を立てた。

「痛い、痛いよ！　ごめんなさい、許して……」

泣きながら謝るが、許してはくれない。

〈かあちゃん、おかしくなっちゃった〉

私は耐えるしかなかった。

母の怒りがようやく収まったころ、体のあちこちにミミズ腫《ば》れができていた。

小学生時代、そんなことは日常茶飯事だった。

特に勉強のことに関しては容赦なかった。だから母と二人でいる時は、いつも気が気ではなかったし、緊張感が漂っていた。

〈かあちゃん、怒ってるかな〉

〈今、話しかけても大丈夫かな〉

そんなことばかり考えて、おびえていた。

そして母の機嫌を損ねないように振る舞おうとしてはいたが、いつも無駄だった。気が付けば母から叱《しか》られ、叩かれた。

母の怒りのスイッチがどこにあるのかはわからなかった。ただ怒りのスイッチが入るとすぐにわかった。

眉間《みけん》にしわを寄せ、目は吊り上がる。牙《きば》が生えたかのような口元になって、声も上ずってくる。まさに般若《はんにゃ》の形相になった。

そんな母の記憶は、保育園に通っているころから残っている。

私は落ち着きのない子で、家のなかで洋服やおもちゃなど、至る所で散らかし放題だった。

そんな私を嫌がったのだろう。

「ここの部屋には絶対に入るなよ」

母は自分の洋服などを置いている部屋に入ることを極端に嫌がっていて、事あるごとにそう言われていた。

ただ子どもにそんな約束が守れるわけもなく、「入るな」と言われれば言われるほど、入りたくなった。

私は母が外に出かけた時を見計らって、部屋に入ることにした。

ふすまをそっと開けた。ぽとっとハガキが床に落ちた。私は特に気にすることもなく部屋に入ると、タンスの引き出しを開けたり、押入れの中をのぞいたりした。

特に何かがあるわけではない。入ってはみたものの大して面白くもなかった。ただそのスリルがたまらなかった。

私は押入れのふすまやタンスの引き出しをしっかり閉めて、元通りにした。

部屋を出ると、居間でごろごろしていた。

母が帰ってきた。そして母が部屋に入るのがわかった。散らかしてもいないし、元通りにしたのだからばれるはずはないと思っていた。

しかし、すぐに「ヒデカツ!!」と怒りの声が響いた。

「部屋に入るなって言っただろ！」

「入ってないよ」

私は言い張った。

「うそばっかりつくな！」

そう言うとハガキを見せた。

「下に落ちてるじゃないか！」

入口のふすまの間にハガキをテープで留めて、開けると落ちるようにしていたのだ。

母は私を捕まえると、柱にひもで縛りつけた。

私は足や体をバタバタとさせて暴れて抵抗した。

「おとなしくしろ！」

と私を押さえつけた。

「とって！　とって！」

私はよけいに暴れた。

すると母は私の腕に思い切りかみついた。私は思わず「痛い、痛い」と喚《わめ》いた。

「うるさい！」

そう言って私を叩いた。顔は般若に変わっていた。

「ずっとそうしてろ！」

「ごめんなさい、ごめんなさい」

私は泣き喚くように謝り続けた。しかし無駄だった。柱に括《くく》りつけられたまま、放置された。父が仕事から帰ってくるころになって、母はようやく私のひもをといた。泣き喚く気力も失っていた。

母は捨て台詞《ぜりふ》を吐くように言った。

「今度やったら天竜川《てんりゅうがわ》に放り込むぞ」

「ごめんなさい。もうしないから」

まもなくして父が帰ってきた。

私は父が好きだった。母と違って、普段は温厚で優しい人だった。

ただ、酒を飲むと別人になった。ねちねちと文句を言い、そこら辺にあるものが飛んでくるし、手を出すこともあった。

だから酒を飲んでいるときの父は嫌いだった。そんなときはできるだけ近寄らないようにしていた。

母もそんな父のことを嫌っていた。父に対する悪口を年がら年中聞かされ続けていた。

父が酒を飲めば、たいてい母とのケンカが始まった。最初は言い合いが続くが、時間とともに父は母に暴力を振るった。そうした姿を何度も見せられた。

その日もいつものようにケンカが始まり、父が母を殴った。母は泣いていた。

翌日、母はいつもと様子が違っていた。

「かあちゃん、どうしたの？」

私が聞くと、母は言った。

「一緒に死のうか」

するとおもむろに台所に向かうと包丁を手にした。その包丁を自分の首にあてた。

私は思わず駆け寄って、必死にしがみついた。

「かあちゃん、やめて！」

私の言葉に母は思いとどまってくれたものの、母が危うい精神状態だということは、幼いながらも感覚的に理解していたように思う。

だからいつも様子を気に掛けていたし、落ち着いて日常を過ごすことなどできなかった。一人でいることが嫌だった。

〈普通のかあちゃんだったら、どんなにいいだろう〉

私はいつも思っていた。

そして世界中のだれより母のことが嫌いだった。

■ダメな子

一九六五（昭和四〇）年十一月、私は長野県の南アルプスと中央アルプスの狭間《はざま》の町に生まれた。近くには天竜川も流れ、自然に恵まれた環境だった。

地元の会社で働く父、専業主婦の母のもと、私は一人っ子として育てられた。

私は小さなころ、とても病弱だった。

母から聞いた話によると、生後間もなく急性肺炎にかかり、一時は四十二度を超えるほどの高熱が続いた。命も危ないと言われたが、ペニシリンによって一命を取り留めることができたそうだ。

しかし退院する時、医者から言われたという。

「小学校にあがるころには、勉強についていけなくなるでしょう」

母は大きなショックを受けたらしい。

さらに、私の病状を知った親戚から「こいつはダメな子になる」と、心ない言葉をかけられもしたそうだ。

だからだろうか。母は私が保育園に通い始めたころから、勉強に対して特に口うるさかった。風呂場でアルファベットのAからZまで、すべて言えないとあがらせてもらえなかったり、テーブルの横につきっきりでひらがな五十音を何度も書かされたり、無理矢理に勉強を教える母の姿が記憶に残っている。

小学校に入学した私は、好奇心旺盛で、いたずらばかりしている悪ガキだった。勉強は苦手だったが、遊びは大好きだった。

暮らしていた地域は、冬になると雪はそれほど多くは降らなかったが、凍《い》てつくほどに寒かった。田んぼに水を撒《ま》くと凍《こお》ってスケートリンクになるので、学校ではスケートの課外授業も行われていた。私はスケートが大好きで、寒さも気にせず課外授業を喜んだ。

春になると、田んぼや畑で虫捕りをしたり、近くの丘の斜面で肥料袋をソリ代わりにしてすべって遊んだりした。

学校の行き帰りも楽しいことでいっぱいだった。

都会とは違い、田舎の小学校なので自宅から歩いて二キロ以上の距離があった。そこを毎日集団登校するのだが、いつも集団から抜け出して、通学路ではない道を歩いた。近道を探したり、途中で虫を捕まえたり、気持ちの赴《おもむ》くままに動き回っていた。

時に、トイレがしたくなっても家や学校まで我慢などすることはなかった。平気で道端で用を足した。

いつしか常識を欠く行動は近所でも問題となっていった。

また、先生の言うことを聞かない、授業が始まってもしゃべっている、クラスメイトといざこざを起こす、じっとしていられない、忘れ物が多い、宿題をやってこないなど、学校生活においても、協調性のある行動は苦手だった。肺炎による高熱が原因なのかはわからないけれど、周りの子どもたちと同じように振る舞うことはできなかった。

それが、いたずらっ子、悪ガキと思われているうちはまだかわいいものだったのかもしれない。

いつしか周囲の子どもや先生などから煙たがられるようになり、「変な子」「変わった子」として見られるようになった。

近所の人たちからも「問題児」と思われていた。

だから母の元には先生や近所の人からよく電話が入っていた。そのたびに学校や近所に話を聞きに行ったり、謝りに行ったりしていた。

そんな日の母は、私を感情のままに叱りつけた。ほうきやはたきで叩かれることはしょっちゅうだった。

母は仕事から帰ってきた父にその日のことを話すが、父は無関心な人だった。

いつも聞き流すだけの父に対して、母がイライラを募らせていくのは、そばで見ているだけでよくわかった。

そのイライラを母が爆発させた夜のことだった。その日の父は酒を飲んでいたこともあって、大ゲンカになった。

それをどうすることもできずに見ていた私に父は言った。

「いつまで起きてんだ！　さっさと寝ろ！」

私は逃げるように布団に入った。

ケンカは父が母を殴ったことで静かになった。

なかなか眠ることはできなかったが、静かになってしばらくすると、いつのまにか眠っていた。

それからどれぐらい時間がたったかはわからない。私は急に息苦しくなって、ハッと目を覚ました。

目の前には、般若の顔があった。私の体にまたがった母だった。

その手は私の首を絞めていた。

「ぐるじい（苦しい）……」

私はもがきながら、声を振り絞った。

そこで母は手の力を緩めたので大事にはならなかったが、いったい何が起こっているのか理解できなかった。

豹変《ひょうへん》する母がたまらなく怖かった。

■捨てられる

小学二年生のころだったと思う。父が知り合いからもらったといって、犬を連れて帰ってきた。

私は犬に駆け寄って、何度もなでた。うれしくてしょうがなかった。

母は違った。不機嫌になって、父と言い合いになった。

「そんなのすぐに返してきてよ」

「そんなことできるわけないだろ」

「だれが面倒みるのよ」

「みんなでみればいいだろ」

「そんなことできないでしょ。結局私が世話することになるんだから」

父は鬱陶《うっとう》しくなったのか黙った。

「ぼくが面倒みる！」

私はすかさず答えた。

「ああ、それがいい。ヒデカツにやらせろ。できるよな」

と父は面倒くさそうに言った。

「できる！　ちゃんとやる」

私は自信を持って答えた。

「そんなことできるわけないでしょ」

と母。

「やらせりゃいいんだよ！」

父が母に怒鳴ると、母はもう何も言わなかった。

私は動物が好きだったし、犬を飼いたいと思っていた。しっかり面倒をみることもできると思っていた。

私は毎日犬をかわいがった。名前は見た目からクロにした。学校から帰るといつもクロと一緒に遊んだ。

ある日学校から帰って犬小屋に行ってみると、クロがいない。

驚いてすぐに母に聞いた。

「かあちゃん、クロがいないよ」

「知らない」

それだけだった。

私は近所を探し回った。しかしどこにもいない。暗くなるまで探し回ったものの、結局その日、クロが見つかることはなかった。

どこに行ったかわからないまま数日が過ぎた。私の中であきらめかけたころ、クロはひょっこりと帰ってきた。

「かあちゃん、クロが帰ってきたよ！」

すぐにご飯を出してあげた。すると、しっぽをブンブン振って、わき目もふらず、がむしゃらに食べた。

「おなかすいてたんだね」

私はその様子を見てうれしくなった。

ただクロはそれ以来、時々家出するようになった。


私は毎日犬小屋に顔を出した。

その日も学校から帰ると、すぐに犬小屋に向かった。手にはおやつの菓子パンを持っていた。

私はたまにおやつを分けてあげていた。クロが喜んで食べてくれるのがうれしかった。

犬小屋に行くと、クロは飛び掛かってきて、すごい勢いでおやつをねだった。

私はパンをちぎってわけてあげた。あっという間に食べた。

そして「もっとちょうだい」と言わんばかりにまとわりついてきた。

「だめ。これはぼくの」

そう言って、クロを振り払いながら、残りは全部自分で食べた。本当はもっとあげたかったけれど、自分の分がなくなるのが嫌だった。

食べ終えてもクロはまとわりついて、パンを握っていた私の手をなめ回した。

「もうないよ」

そう言ってクロをなでていると、ふと感じることがあった。

〈クロって体が細いなあ。ちゃんとご飯食べたのかな〉

私は母に何気なく聞いてみた。

「今日、ご飯あげた？」

「うん、あげた」

「そっか」

私は母の言葉を疑うことはなかった。

ある日、私がおやつを持っていくと、クロが犬小屋をガリガリとかじっていた。

「クロ、どうしたの」

私は声を掛けた。近づいていくと、手に持っていたおやつをねだってきた。

「クロはいつもおなかすいてるね」

私はおやつをわけてあげた。ガツガツ食べるクロはさらに痩《や》せているように見えた。

再び母にご飯をあげたか聞いたが、「あげた」としか言わなかった。

それから数日後、悲劇は起こった。

私が学校から帰ってくると、クロが横たわっていた。動かない。

「クロが死んじゃった……」

私はただただ泣いた。

母は食事などあげていなかった。餓死だった。

「ちゃんと面倒みないからだろ」

母の言葉が突き刺さった。

私は毎日ご飯を食べさせてもらっている。母の料理はおいしかった。時々私のために大好物のおはぎも作ってくれた。クロにも当然ご飯を食べさせてあげていると思っていた。まさかご飯をあげていないかったなんて思いもしなかった。

〈ぼくがご飯をあげなかったから死んじゃった……〉

一緒に遊んで、仲良くすればいいと思っていた。おやつだってわけてあげた。面倒をちゃんとみているつもりだった。

私はおやつを全部あげなかったことを後悔した。悲しくて悲しくていたたまれない気持ちだった。

それとともに母の言葉がずっと引っ掛かっていた。

〈ご飯あげたって言ってたのに……〉

自分の心の奥底に、どうしても消化できないどす黒い何かがずっと渦巻いていた。

クロがいなくなってからしばらくした時、父が仕事場に連れて行ってくれた。するとそこに捨て猫がいた。私は猫と遊んでいた。

「連れて帰るか？」

父は言った。

「うん！」

私は大喜びで返事した。今度はちゃんとご飯もあげようと思った。

しかし今回の母は最初から許さなかった。

「捨ててきて」

猫を見た途端、般若の形相になった。父は返事もしなかった。私は黙って成り行きを見守るしかなかった。

翌朝、私は早起きして、猫と少しだけ遊んだ。母の顔色が気になったが、何も言ってはこなかった。そして朝食を食べながらずっと思っていた。

〈このまま猫が飼えるといいのに〉

ただ口には出すことはできなかった。そして朝食を食べ終え､猫を軽くなでて学校に行った。

その日は猫のことで頭の中はいっぱいだった。授業が終わると一目散に家に帰った。

猫はもういなかった。

私は意を決して母に聞いた。

「猫は？」

母は言った。

「天竜川に放ってきたわよ」

私はびっくりして、言葉が出なかった。

それが本当かうそかはわからない。しかし、頭の中には猫が川に流され、おぼれる姿がはっきりと浮かんだ。

〈ぼくもいつか捨てられるんだ〉

気付けば、自分が川に流され、おぼれている姿が頭の中に映し出されていた。

底知れない恐怖を感じた。

■死ね、くそばばあ

小学生の間、母からの仕打ちに耐えてきた。言うことを聞くことしかできなかった。そうしなければ、生きていくことができないと思っていた。

しかし中学生になると、体も少しずつ大きくなり、徐々にその関係性も変わっていった。

相変わらず母は事あるごとに手を挙げてきたが、ただそれに屈服するだけではなくなり、口ゲンカすることが増えた。

そしてそれすらも嫌になり、家に帰っても母を無視するようになった。

ある日、学校から帰って居間のソファに座ってテレビを見ていると、母は無神経に話しかけてきた。

「テレビばっかり見てないで、勉強しろ!」

「…………」

「おい、聞いてるか！」

「………」

「なんとか言え！」

いつものように般若の形相になっている母の金切り声が、耳にキンキンと響く。

私は目の前にあるテーブルを力任せに蹴飛ばした。

「なにするんだ！」

母は私に近づくと、叩こうとした。

「うるせーんだよ！」

私は母の手を抑えた。そして反射的に母を蹴った。

後ずさるようにしてその場にうずくまる母。

私は自分がとったとっさの行動に驚いた。初めて母に暴力を振るった瞬間だった。

〈なんだ、こんなに弱いのか〉

これまでは母に屈服することしかできなかった。でもその時初めて、これまで恐れていた母に対抗できる力があることを知った。

私の中から母への憎しみや恨《うら》みがあふれだしてきて、抑えられなくなった。私は母を何度も殴りつけた。大けがさせるまでには至らなかったものの、母の体には多くのあざができていた。

それからというもの、母に対する反抗心は強くなった。

〈どうやってこれまでの恨みを晴らそうか〉

そんなことばかり考えていた。


その日は学校でむしゃくしゃすることがあり、授業を抜け出して家に帰ってきた。

玄関を開ければ、母が声を掛けてくるだろうことはわかっていた。私はカバンの中をがさがさとまさぐりながら玄関を開けた。

母はすぐに飛んできた。

「こんな時間になにしてる！」

「関係ねえだろ！」

「お前、また授業中抜け出したのか」

母の顔は般若の形相に変わっていた。

「だからなんだよ。うるせーんだよ」

「お前いい加減にしろ！」

と母が手を上げようとしたとき、私はカバンの中から目当てのものをサッと取り出した。

パンッ、パンッ、パンッ……。

エアガンだ。いつか使ってやろうと用意していた。

母は頭を抱えるようにその場にしゃがみこんだ。

「なにするんだ！」

「死ね、くそばばあ！」

うずくまる母を足蹴にした。

母は悲鳴を上げるようにギャーギャーと喚いている。

「お前が全部悪いんだろ！」

私はそう言いながら再びエアガンを母に向けて打ち続けた。

「話しかけてくんじゃねえよ！」

そう言い捨てて、自分の部屋に籠《こも》ると、部屋の壁を力任せに何度も蹴りつけ、殴りつけた。

〈消えてくれよ〉

母の存在が許せなかった。


その翌日、学校から帰ってくると、親戚のおじが来ていた。母が呼んだのだ。

「ヒデカツ、ここに座れ」

と威圧感のある声で私を呼び止めた。

「なんだよ」

と反抗的な態度で答えた。

「お前、自分がやってることわかってるのか」

「知らねーよ」

「口の利き方もわからないのか！」

「うるせーんだよ」

「お前！」

とおじは立ち上がって胸ぐらをつかんできた。

私は腕を振りほどいて殴り掛かったが、大人の男性にかなうはずもなく、簡単に殴り倒された。

「いい加減にしろよ、コノヤロー」

とおじは力で私をねじ伏せた。

母はただ見ているだけだった。

私はもうなにも抵抗することができないまま、その場はそれで収まった。しかし何かが解決したわけではなかった。おじがいなくなれば、家で暴れたし、母を殴った。

結局、家に帰れば理由もなく大声を出し、暴れることが日課のようになっていた。

■自分の居場所

家庭生活が荒れれば荒れるほど、学校での私の存在も浮いたものになっていった。

もともと授業中の私は落ち着いて席についていることができなかった。三〇分もすると飽きて授業を抜け出した。そのたびに、担任の先生や教頭先生に連れ戻された。

部活でもそうだった。私は管楽器が好きで、ブラスバンド部に入っていた。

ただ周りと合わせて行動することは苦手で、自分勝手にトロンボーンを吹いていることが多かった。

そんな私を見て、部長を務めている三年生の女子が言った。

「守屋くん、一回やめて」

私は吹いていることが楽しくて、やめなかった。

「守屋くん、やめてって言ってるでしょ！」

「なんだよ。邪魔するなよ」

私は命令してくることにイラッとした。そして反射的に部長のお腹に何発かパンチを入れた。

部長はびっくりしたような顔をして、うずくまった。

「うるさいんだよ」

私がそういうと、部長はお腹を抑えながら冷静に言った。

「なんで暴力を振るうの」

まるで先生のような口ぶりだった。

強気な態度が気に入らなかった。しかし周りの騒然とした雰囲気に耐えられない気持ちになった。

「見てんじゃねえよ！」

そう言ってその場を去った。

ブラスバンド部以外でも、気に入らないことがあればすぐに暴力を振るった。といっても、誰かとつるんで悪さをしたり、バイクを乗り回したりするなど、いわゆるヤンキーと呼ばれるようなものではなかった。

言ってしまえば、突然キレて何をしでかすかわからない〝アブないヤツ〟だった。そして強い相手には手出しはしなかった。やるのは女子や自分より弱い者に対して。私が暴力を振るうのは力を誇示したいのではなく、一種の気晴らしのためだった。

当然、自分に近づいてくる友達や仲間なんていなかった。周りはみんな腫《は》れ物に触るように接してきた。それが余計に私をイラつかせたし、暴力を振るうきっかけにもなった。

さらに学校で問題を起こせば、家に連絡がいく。家に帰ればあの母親が待っている。

結局家でも学校でも荒れた状態になった。

また、田舎ではうわさが広まるのも早い。近所を私が歩いているだけで、井戸端会議をしていた近所の人も、蜘蛛《くも》の子を散らすようにいなくなった。

私はどこにいても落ち着いていられる状態ではなかった。私の居場所はどこにもなくなっていた。

〈こんな場所、出て行ってやる〉

私は東京に行こうと思った。東京に行けば、もっと楽に生きられると思った。

そして私は母の財布から金を盗み、電車に乗り込んだ。

しかし、山梨県あたりだったと思う。駅に着くと鉄道公安官が踏み込んできて、私を捕まえた。

事務室のようなところに連れていかれると、

「お前、なにやっとんじゃ、コラァ！」

と公安官に凄《すご》まれ、私は泣いた。

しばらくすると、父が迎えに来て、家に連れ戻された。

翌日、私は児童相談所に行った。そして教護院《きょうごいん》（現在の児童自立支援施設）に送られることが決まった。私は家に帰ることもないまま、そのまま教護院に送られた。中学二年の七月だった。

教護院での生活は寮生活になり、家から出ることになる。教護院に行くことに不安はあったけれど、母から離れられることに安堵感もあった。

そして教護院では中学卒業までの約一年八カ月を過ごした。

勉強のほかに農作業や運動、夏にはキャンプに行ったりもした。またクラブ活動もあって、ブラスバンド部でトランペットを吹いた。その間、正月に帰省した時などを除いて、母とまったく会うこともなかったので、大きな問題を起こすこともなく、穏やかな気持ちでいられた。

三年生の時には寮の自治会長、学校では生徒会長も務めた。

そして中学三年を終える三月、教護院を出る時がやってきた。

私は二年生の時から一切通っていない地元中学での卒業式に出席した。思い出も大して残っていない学校で名前を呼ばれ、卒業証書を受け取り、義務教育を終えた。

そして、あの母のいる家に再び帰ることになった。

■燃えてしまえ

教護院を出た私は実家に戻り、高校に入学した。教護院で高校を受験し、合格していた。

しかし、教護院での落ち着いた生活がまるでうそだったかのように、また以前のような荒れた状態に戻るのには、それほど時間は掛からなかった。

母は以前と変わってはいなかった。ちょっとしたことで豹変して喚き散らした。

父は長年勤めた会社を辞めていた。それからいろいろな仕事をしてきたようだが、なかなか長続きせず、家にいることも多くなっていた。

だから、家に帰れば、般若の形相をした母と父が言い争いをしていることもしばしばで、私もとばっちりを受けた。

高校に入って二カ月ほど過ぎたころだった。母と父が言い争いをしているところに帰ってきた。

母は父に対して働かないことに文句をつけていた。

「いつもいつも家でごろごろしてないで、ちゃんと働いてよ！」

「キーキーうるさいんだよ。黙ってろよ」

父はテレビを見ながら、怒鳴り声をあげた。

すると母は今度は帰ってきたばかりの私にいちゃもんをつけた。

「父さんが働かないのは、お前のせいだ！」

「なんでオレのせいなんだよ。関係ねえだろ！」

「お前がもっとまともだったら、こんなことにはなってないんだ！」

その言葉に私はカッとなって母を殴りつけ、蹴り倒した。

「ばばあ、ふざけんじゃねえ！」

するとその場にいた父も見過ごせなかったのだろう。私を羽交《はが》い絞めにして、投げ飛ばした。

当時父の体重は八〇キロほどで、五〇キロ程度の私は、力では到底歯が立たなかった。私は何度も父に殴られ、ボコボコにされた。

私は家から飛び出して行ったが、気持ちは収まらなかった。

〈ちくしょう、オレは関係ないのに許さねえ〉

私は物置に行き、灯油を持ち出した。さらに立て掛けてあった鍬《くわ》を持ち出し、玄関脇の窓をたたき割った。

〈燃えてしまえばいい〉

穴の開いた窓から灯油をまき散らし、ポケットに持っていたマッチを擦って、投げ入れた。

ガラスの割れた音で父も母も気が付き、飛び出してきた。

「ヒデカツ、やめろ！」

父は叫んだ。

「うるせえんだよ！」

私はマッチを投げ入れるのをやめなかったが、父はすぐに私を取り押さえた。そして、火は燃え広がることなく、すぐに消された。

ただならぬ騒々しさから、近所の人も集まってきていた。

そしてまもなく消防や警察もやってきて、私は連行され、取り調べを受けた。逮捕されるかもしれないという不安もあったが、取り調べが終わると、その日のうちに家に帰された。

その後、家庭裁判所にも呼ばれて調査もされたが、結果は不処分。お咎《とが》めを受けることはなかった。

高校からもその時には処分を受けることはなかったが、結局その後に学校内で問題を起こして退学となった。

■初めての彼女

高校を退学になった私は、近くの工場で働きながら、定時制高校に通い出した。

最初は受け入れを断られたらしいが、両親はなんとか学校に通わせてほしいと頭を下げた。その結果、試験的に学校に通わせて問題なければ転入を認めてくれることになった。

そして数カ月後、正式に転入が認められた。

定時制高校は一日の授業時間も短く、四年間で卒業することになる。私は特に大きな問題を起こすことはなく、三年を過ごした。

一九八四（昭和五九）年一月、三年生が終わりに近づいたころ、一年生の女子と付き合うことになった。

初めての交際だった。

彼女は私が先輩ということもあり、言うことをなんでも聞いてくれた。会いたいと言えばいつでも会ってくれたし、わがままを言っても嫌な顔ひとつしなかった。手もつないだし、キスもした。体に触れることも許してくれた。

彼女は家庭環境も複雑で、親戚のおじさん、おばさんの家で暮らしていた。ただ、家ではおじさん、おばさんから虐《しいた》げられているようで、気を使って暮らしていることは知っていた。どこか私と似ているものを感じていた。

だから私は彼女を〝守って〟あげているつもりだった。彼女にはだれよりも自分が必要だと思っていた。

それなのに四年生になったばかりの四月のことだった。急に彼女とすれ違うようになった。誘えばいつでも来てくれたのに、ささいな用事で断られることが増えた。

私の中に不安な気持ちが芽生えていた。

「最近、俺を避けてるのか？」

私を学校で彼女を捕まえ、聞いた。

彼女は一瞬怪訝《けげん》そうな顔をしたが、笑顔を作って言った。

「そんなことないよ」

「お前、なにか隠してるんじゃないだろうな、別の男とか」

「あるわけないでしょ」

「俺を嫌いになったのか？」

「そんなことないって」

「うそじゃないよな」

彼女をにらんだ。

「うそじゃないよ」

彼女は言った。

信じられなかった。

その晩、私は彼女の気持ちをもう一度確かめようと、家に電話した。

すると、おばさんが出た。しかし彼女は不在だという。しばらくしてかけ直してもやはり不在と言われるだけだった。

〈どうしていない。どこに行った?〉

いつもなら必ず家にいる時間。家にいない理由がわからない。

〈やっぱり避けられている〉

そう思うと急に不安な気持ちが襲ってくる。

〈ふざけるなよ〉

そして怒りも入り混じる。

すると、彼女から電話が掛かってきた。

「さっきは電話出られずにごめん」

「どこ行ってたんだよ!」

「あ、うん、ごめん……」

彼女は言葉を濁した。

何か隠しているのは明白だった。いつもは素直に話してくれる彼女が、口ごもるなんて考えられない。

「男か？」

「違う、違う」

と彼女はすぐに否定した。

「じゃあ、なんだよ」

はっきりしない彼女の様子に不安感は増していく。

「ごめん、今度ちゃんと話すから」

「なんで今はっきり言えないんだよ？」

イラ立ちが抑えられない。

すると彼女の後ろでおじさんが叫んだ。

「なんで守屋みたいなヤツと付き合ってんだ！　別れろ！」

はっきりと聞こえてきた。

「あ、ごめん。また電話するから」

彼女は慌ててガチャンと電話を切った。

私は状況がのみ込めずにいた。

その日電話が掛かってくることはなかった。

翌日、学校の人気のない廊下で彼女と会った。

「昨日どこ行ってたんだよ。何度も電話したんだぞ」

「ごめん、おじさんが……」

私はそこで理解した。不在と言ったのは私と彼女を引き離すためだった。そして電話の向こうから聞こえたおじさんの言葉がはっきりとよみがえった。

「別れろって、なんだよ」

「ごめん……」

「ごめんじゃわからねえよ！」

「もう会うなって……」

「どうして」

「あんなろくでもないヤツと付き合うなって……」

「ふざけんなよ！　お前もそう思ってるのか？」

「思ってないよ、でも……」

「でもってなんだよ」

「ごめん、もう別れたい……」

その言葉を聞いた瞬間、

〈俺を見捨てるのか〉

と思った。

私は頭に血が上って、彼女を殴りつけていた。何度も殴った。

彼女は泣きながら謝り続けていた。

私はどうすればいいのかわからなかった。

「ふざけんな！　なんで別れるんだよ」

「ごめんなさい」

彼女は何度も謝るばかりで「別れない」とは決して口にしなかった。

「絶対に許さねえぞ！」

私はそう吐き捨てて、その場を立ち去った。

〈どうして俺の気持ちをわかってくれないんだ〉

頭の中は別れの恐怖や孤独、彼女の裏切りに対する憎しみ、おじさんへの恨みなど、いろんな感情がぐちゃぐちゃと渦《うず》巻いていた。そのやり場のない憤《いきどお》りを抑えることはできなかった。

〈後悔させてやる〉

私は原付バイクでガソリンスタンドに行き、灯油を買った。そして田んぼが広がる道沿いを走った。そこで農家の豚小屋が目についた。私はバイクを止めた。

（全部お前のせいだ！　お前が別れると言わなければ、こんなことはしなかった）

私はそこに豚や人がいないことだけは確認して、灯油をまいた。あとは躊躇《ちゅうちょ》なく火を放った。

簡単には火は付かなかったが、ようやく燃え出したのを確認すると、近くの公衆電話に行き、自ら警察に電話した。

警察や消防はすぐに駆け付けた。火は燃え広がる前に消し止められた。

私はその場で逮捕された。

〈お前のせいでオレは犯罪者になるんだ……〉

私は彼女に自分の気持ちを知らしめたかった。彼女が私をここまで追い込んだと思わせたかった。事件化すればそれができると思った。だから自分から警察に電話した。

〈責任を感じて彼女は私のところに戻ってきてくれる〉

私の根底にはそんな期待もあった。

しかし、逮捕されて、彼女に会うことなどできるわけもなかった。

■少年院へ

逮捕後、警察での拘留、検察での二十日間の取り調べを受けると、家庭裁判所に送られ、少年鑑別所に入った。そして家庭裁判所で少年審判が開かれた。

私は以前のときのように、不処分か保護観察処分で済むだろうと勝手に思っていた。

しかし、裁判官の決定は保護処分。中等少年院送致（現在は第一種少年院）が決まった。

その決定を聞いて私は怒りが収まらなかった。

「コノヤロー!!」

私は裁判官に殴り掛かろうとした。しかし鑑別所職員が二人掛かりで私を止めた。

〈どうして誰もわかってくれない。自分が事件を起こしたのは彼女のせいだ。自分は許されてもいいはずだ〉

そう思っていた。

しかし、火を付けたのはこれで二回目。そんなはずはなかった。それどころか、中等少年院送致ではなく、検察に逆送される可能性もあった。

その審判を高校の教頭も傍聴に来ていた。そして裁判官に殴り掛かろうとしたこともしっかりと見ていた。教頭は審判が終わると、面会に来て言った。

「裁判官に殴り掛かったことは許されない。そのことをもって退学処分にします」

私は定時制高校をこの時点で退学になった。

その後、私は東京八王子《はちおうじ》にある多摩《たま》少年院に入ることになった。

鑑別所からの移送は一般の電車だった。私は電車に乗ると、乗客に向けて手首にはめられている手錠を掲げて、喚き散らした。やけくそだった。

少年院に入ってからも、何度も暴れた。ほかの入所者とケンカになり殴ったこともあった。

当時は普通に生活していれば六カ月で退院になるのが当たり前だったが、そんなことを繰り返していたこともあって、約一年二カ月をそこで過ごした。仮退院したのは十九歳の七月で、二十歳を迎える直前だった。

私は仮退院すると、最初に彼女に電話した。

「今日、退院した」

「ごめんね。私のせいだよね」

「ああ、お前のせいで年少だぜ。どうしてくれるんだよ」

冗談ぽく答えたが、気持ちは本気だった。彼女は冗談とは受け取っていなかった。

「ごめんなさい」

彼女は何度も謝った。

私はその言葉を聞いて、少し安心した。

〈自分のやったことは間違いではなかった〉

第二章●ストーカー気質

■就職

私はふと目を開こうとすると、まぶたが引っ掛かった。どうも涙を流していたらしい。子どものころを思い出すと、自然と涙が出てくる。特にクロのことを思うと耐えられない気持ちがあふれてしまう。

大阪へ向かう高速バスは今どのあたりを走っているのだろう。

私は涙の跡をぬぐうと、カーテンを軽くめくって隙間から外を眺めた。暗くて何も見えない。どこを走っているのかは全くわからなかった。

バスの正面にある時計を見ると、到着まではまだまだかかる。

〈静岡、愛知あたりか。この辺も転々として働いた……〉

私は再び目を閉じた。

一九八五（昭和六〇）年八月、群馬県の御巣鷹山《おすたかやま》の尾根に日本航空一二三便が墜落した。私はその悲惨な事故を長野の松本《まつもと》で知った。

約一カ月前の七月、私は東京八王子の多摩少年院を仮退院した。仮退院後に実家に帰ることも検討されたが、家庭環境が悪く、保護観察に適切ではないと判断され、松本の更生保護会が引き受けてくれることになった。

松本にやってくると、紹介された鮮魚店で働き始めた。しかし職場になじむことができずにすぐに辞めた。あらためて別の仕事に就いたが、結局は長続きせず、職を転々とするばかりだった。

だから友人ができるわけでもなく、もともとの知り合いもいない。私は部屋で一人、時間を持て余すことも多かった。

〈本退院までの我慢だ〉

私は本退院となるまでただ時間が経過するのを待つように過ごしていた。そんな中で、部屋のテレビで目の当たりにしたのがこの事故だった。連日報道される事故をただ眺める毎日が続いた。

そして十一月、二十歳を迎えたことで本退院が決まった。私は寮を出ると、そのまま実家に帰った。

しばらくは実家でおとなしくしているつもりだったが、そうはいかなかった。親とは相変わらずの関係性で、いざこざは絶えなかった。

さらに、仕事を見つけて実家から通ってはいたが、結局はどこも長続きせず、家でふらふらしていることが増えた。

「お前はいつもいつも家で何やってんだ。働け！」

母のキンキンとした声はやまなかった。私の家庭内暴力も止まらなかった。

仕事はうまくいかないうえに、生活もすさんだ状態。私はここにいることが苦しくてしょうがなかった。

〈こんなところに縛られている必要はない。もう家を出よう〉

私はそう決意すると、住み込みで働かせてくれる職場を探して家を出た。

愛知や静岡などでいくつかの仕事をした。しかしどこも長くは続かず職場を渡り歩いた。そして東京に流れ着いた。二十二歳になっていた。

私はトラック運転手として配送の仕事を始めた。担当エリアの決まった取引先をルートで回る仕事だった。

その中のひとつに、小さな町工場があった。

顔を出すとだれもが気軽に声を掛けてくれ、とても親しみやすい雰囲気が気に入っていた。なかでも、日々顔を合わせる事務員さんとは軽い雑談もするようにもなった。日ごろあまり人と深く関わることのないまま過ごしてきたせいか、どこか孤独な気持ちを和《やわ》らげてくれるような気がしていた。

■運命の人

とても暑い夏の日だった。私はいつものように工場に荷物を届けた。

すると事務員の女性が私を呼び止めた。

「ご苦労様です。暑いですよね。麦茶でも飲んでいってください」

そう言ってグラスに冷えた麦茶を出してくれた。

「ありがとうございます」

私はその気遣いがうれしかった。

そしてグラスの麦茶を一気に飲み干した。

「いい飲みっぷりですね。もう一杯飲みますか？」

彼女は笑いながら言った。

「あ、すみません。じゃあ」

私はもう一杯もらって、再び一気に飲み干した。

「ありがとうございました」

私はグラスを返した。

「大変なお仕事ですよね。頑張ってくださいね」

彼女はそう言って私に笑顔を向けた。

〈いい子だな。こんな子と付き合えたら毎日楽しいんだろうな……〉

私は事務所を出て、トラックの運転席に乗り込んだ。

〈いくつくらいだろう。二十七、八だよな〉

そんなことを考えながら、彼女の笑顔を思い出すと、やりたいことがあふれ出してくる。

〈ゆっくり話がしたい〉

〈一緒に食事がしたい〉

〈海までドライブもしてみたい〉

〈そして、一夜を共にできたら最高だ〉

気付けば彼女との妄想で頭がいっぱいになっていた。

それ以来、その工場に行くと、彼女の姿を探した。お昼時は席を離れていることもあるので、できるだけその時間をずらして顔を出した。事務所の中を入口からそっとのぞいて、もし彼女が電話しているようだったら、終わるのを待ってから入るようにした。

ほんのひと言ふた言、言葉を交わすためだけに努力した。

〈彼女とどうにかして付き合いたい〉

その気持ちがどんどん大きくなっていった。

ただ、どう行動してよいかわからなかった。誰かに相談しようにも、相談できる友達も仲間もいない。

そこで私は占い師を訪ねてみた。

「好きな女性がいるんだけど、その女性とうまくいくか知りたい」

ストレートに聞いた。

しかし、占い師から私が望む答えは返ってこなかった。

だからといってあきらめる気はなかった。別の占い師を探して占ってもらった。するとその占い師は目の前にある水晶玉を眺め終わると、私を見て言った。

「あなたと彼女は、前世で縁があったようですね。現世の出会いはそこからつながっています」

その言葉で十分だった。

〈やっぱり！　これは運命だ〉

私は彼女に気持ちを伝えることに決めた。思い立ったが吉日、私はすぐに彼女に向けて手紙を書き、その翌日には彼女に渡した。

「これ、読んでよ」

「あ、ありがとう。後で読みますね」

彼女は明るい笑顔で手紙を受け取った。

「今度返事聞かせて」

私はそう言って、事務所を後にした。

それから数日後に事務所に顔を出すと、彼女から私に声を掛けてきてくれた。

「この後、車で少し待っててくれませんか？」

「わかった」

私はいい返事がもらえることを期待して、車に戻った。

彼女はすぐにやってきた。

私が車から降りると、彼女は言った。

「この間はありがとう。私のこと気に入ってくれてうれしいんだけど、ごめんなさい。実は結婚が決まってるんです」

はっきりと断られた。まさかこんなに簡単に断られるとは思ってもいなかった。

〈はっ⁉　ちょっと待って。まだなにも話したこともないのに、これで終わりなんて冗談じゃない！〉

私は受け入れることができなかった。「結婚が決まっている」なんて本当かうそかもわからない。ただの口実かもしれない。「はいそうですか」と言って簡単に引き下がるなんてできない。

「そうなんですか。でも食事ぐらいいいでしょ」

私はあきらめずに食らいついた。

「ごめんなさい」

彼女はきっぱりそう言うと、仕事に戻ってしまった。

〈どうしよう……〉

私は彼女との縁がこのまま途絶えてしまうことに怖さを感じた。

〈嫌だ、嫌だ、嫌だ〉

しかし、それからというもの、タイミングを見計らって事務所に顔を出しても、別の事務員が出てきて、彼女はなかなか対応してくれなくなった。目の前にいても、気付かないふりをされた。偶然対応してくれることがあっても、事務的でそっけないまま、会話にもならなかった。

〈なぜ無視するんだ。俺が何をしたっていうんだ……〉

彼女の態度に腹が立った。しかしすぐに弱気な気持ちにもなった。

〈もう一度だけでいいから話がしたい。前のように話ができるだけでいいのに……〉

工場に行っても話もできない状態に悶々《もんもん》としていた。

〈二人きりで話ができたら、自分の気持ちもわかってもらえる……〉

私はずっとそう思っていた。

〈仕事中は無理だ。仕事終わりに彼女を捕まえて連れ出すしかない〉

そして私は工場の正門前で、彼女が仕事を終えて出てくるのを待った。

一時間ほどいただろうか。彼女が出てきた。私は声を掛けた。

「あの、ちょっとだけ話したいんだけど」

彼女は驚きで顔が引きつっている。

「ごめんなさい」

「ほんと少しだから……」

「すみません。私はもう結婚も決まってるんです。こういうことはやめてください！」

そう言うと、彼女は私を振り切って走り去った。

翌日、会社に出社すると、上司に呼び出された。

「お前、何やってんだよ！　あそこの事務員にしつこく付きまとってるらしいじゃねえか！」

「いいえ、少し話をしたくて……」

「ふざけんな！　次来たら取引やめると言ってきてるんだぞ！」

「そんな……」

「お前、担当変われ。もう絶対に行くんじゃねえぞ！」

私は担当を外された。しかし、あきらめることはできなかった。

〈一度ちゃんと話ができれば、絶対にわかってもらえる〉

そう信じていた。

そしてその日の夕方、再び工場正門前で彼女が出てくるのを待っていた。

〈今日こそちゃんと話をする〉

そう決意して待っていた。彼女が出てくるのが見えた。

私が彼女に気付いて身構えると同時に、彼女もまた私のことに気付いた。すると彼女は踵《きびす》を返して工場の中に戻ってしまった。

私は彼女が再び出てくるのをしばらく待っていたが、いくら待っても彼女がそこから出てくることはなかった。裏口か別の出口から抜け出したのかもしれない。結局、彼女と話をすることはできなかった。

そして私の行動はすぐに会社に伝わった。

上司は激高し、有無を言わさず解雇が言い渡された。寮からもただちに出なくてはならなくなった。

東京に知人や友人のいない私は、以前職を転々とするなかで知り合った愛知の知人に連絡した。しばらくその知人の部屋に住まわせてもらうことになった。

当面の行き場は見つかった。しかしそれは彼女との別れを意味した。

〈もう二度と彼女に会うことも、会いに行くこともできなくなる……〉

胸が張り裂ける思いで愛知に移った。

愛知に移るとすぐに家電量販店に就職し、販売員として働いた。しかしなかなか仕事にもなじめず、寂しさは募る一方だった。

〈偶然でもなんでもいい、彼女に会いたい……〉

その思いは簡単に消え去ることはなかった。

しかし、彼女のことは職場以外、住まいも、電話番号もわからない。どんなにもがき苦しんでも、彼女につながる術は何一つ思いつかないまま時間は過ぎた。

一九八九年一月、時代が昭和から平成へと変わった。「平成」という元号を掲げる小渕《おぶち》恵三《けいぞう》官房長官（当時）の姿を映し出すテレビ画面を、家電量販店のテレビ売り場で目にした。

四月には、消費税が初めて導入された。計算は特に苦手だったこともあって、私を混乱させた。ほかのスタッフに迷惑を掛けることも多く、いくつかの店舗をたらいまわしにされた。物流の子会社へも異動となり、配送助手としても働いた。

慣れない仕事に日々が忙殺されることで、東京の彼女に対する思いや会えない苦しみはようやく薄らいでいった。

■再会

結局、家電量販店での仕事は二年も続かずに辞めた。その後も職を見つけては辞め、見つけては辞めの繰り返しだった。

一九九三（平成五）年、二十七歳の時、故郷の長野にある建設機械ディーラーに就職することが決まった。

私は久しぶりに地元に帰ってきた。

地元の景色を見ると、昔のことが自然と思い出された。

〈彼女はどうしているだろう……〉

定時制高校時代に付き合っていた彼女のことが脳裏をよぎった。そうなると会いたい気持ちがふつふつと湧き上がってきて、どうにも抑えられなくなった。

あれからすでに十年近く経っている。もう同じところには住んでいないかもしれない。そんなことはわかっている。しかし連絡してみなくてはなにもわからない。

私は電話ボックスに入り、手帳に残していた彼女の家の電話番号を探して、プッシュホンを押した。

〝プルルルルルル、プルルルルルル……〟

呼び出し音は鳴った。数コールで女性の声が聞こえてきた。

「もしもし」

彼女の声だった。

「もしもし、久しぶり。守屋だけど……」

私がそう言うと、一瞬の間があってから、彼女は答えた。

「……久しぶり。元気だった？」

「ああ。こっち返ってきた」

「そうなんだ……」

ぎこちない会話だった。

「電話じゃなんだから、今度会おうぜ」

「え……、うん……、わかった」

彼女が会ってくれることになった。

彼女と久しぶりに会ったのは、街がクリスマスムードに包まれていた時季だった。私は彼女に久しぶりに会える喜びで少し浮ついた気持ちになっていた。また彼女と付き合えるかもしれないという都合のいい期待も膨らんでいた。

私たちはレストランで食事をした。

「まだ、同じところに住んでたんだな」

「ずっと変わらないよ」

「おじさん、おばさんと？」

「今は一人」

「へえー」

私と彼女の関係を壊したおじさん、おばさんはもういなかった。

「一人で大丈夫？」

「平気。親戚の人もときどき来てくれるから」

もともと彼女が複雑な家庭環境だったことは知っていたし、一人で生活していることが心配になった。

「仕事は？」

「もちろん働いてるよ」

「どこで？」

「近くの工場で」

私は彼女の助けになりたいと思った。

「困ったことない？」

「大丈夫だよ。ありがとう」

そう言うと、続けて彼女は言った。

「ごめんね。私のせいで大変な思いさせちゃったね。私のほうこそ、なんでも力になるから」

彼女は私が事件を起こした原因が自分にあると、ずっと思い続けていてくれた。私はその言葉を聞いて、どこか自分が認められた気がした。

〈またやり直せる〉

そう思った。

「じゃあ、また俺と付き合えよ」

彼女は驚いたような顔をして、首を横に振った。

「なんでもするんだろ」

「それは……。ごめん、今、付き合っている人がいるから……」

「そんなの別れちまえよ」

「そんなことできないよ。守屋さんは付き合ってる人いないの？」

彼女は話をはぐらかした。

「いるわけねえだろ」

「そっか……」

「そっか、じゃねえよ。お前のせいなんだから、俺と付き合えよ」

「ごめん。できない」

彼女は決して首を縦に振ろうとはしなかった。それでも店を出ると、私は彼女を強引にホテルに連れ込んだ。彼女は最初拒《こば》んでいたものの、結局は体を許してくれた。

その日以来、私は事あるごとに彼女を呼び出した。会うことを多少嫌がりはしたが、完全に拒むことはなく、結局は会いに来てくれた。そのたびに体の関係は続いた。

しかし、私にすべてを許したわけではなかった。男とは別れようとはしなかったし、私だけと付き合うことを受け入れることはなかった。

私はそれでもあきらめるつもりはなかった。少し強引でも、いつか彼女は折れて私のものになると思っていた。

しかし、彼女はだんだんと理由をつけて会ってくれなくなった。さらに家に電話をかけてもほとんどつながらなくなった。

〈なんで電話に出ないんだよ。お前のせいで俺は年少にも行ったんだぞ。なんでも力になるって言ったじゃないか！〉

彼女が私から距離を取り始めていることが許せなかった。

〈絶対に逃がさない〉

私は毎日、電話をかけ続けた。まったく電話に出なくなっていたが、その日は偶然なのか、根負けしたのかわからないが、彼女が電話に出た。

「なんで電話に出ないんだよ！」

「もうやめてよ！」

「ふざけるな！　これから行くから、ちょっとそこで待ってろ！」

このまま続けてもらちが明かないと思った私は、車で彼女の家に向かった。

■侵入

彼女の家に着いた。山林に囲まれた小さな集落で、古民家のような平屋が、まばらに立っている。日も暮れかけ、あたりは薄暗く、物静かな雰囲気だった。

彼女の家に明かりはついていなかった。

私は車を脇道に止めて、家の呼び鈴を鳴らした。

誰も出てこない。イラついて何度も呼び鈴を押し続けた。それでも反応はまったくない。

〈どこ行きやがった、許さねえ〉

私は玄関のドアをこじ開けてやろうとドアノブに手を掛けた。カギが開いている。

〈いる？〉

私は躊躇することなくドアを開けた。玄関に足を踏み入れてすぐに叫んだ。

「おい！　いるんだろ、出て来いよ！」

耳を澄ましていたが、なんの気配も感じない。

〈隠れているのか？〉

私は靴を脱いだ。

「入るぞ！」

と言って玄関を上がった。

「隠れてないで、出て来いよ」

と目の前の引き戸を開けた。居間。入った瞬間、ふわっとした空気の流れとともに、この家独特の生活臭が鼻を突いた。

生活の生々しさを体全体で受け止めた。

彼女はこの家で食事をしたり、歯磨きしたり、テレビを見たり、くつろいだりする。時には昼寝もするだろう。洋服を脱ぎ、風呂にも入る。眠くなれば布団を敷いて眠るのだ。

彼女に会いたい気持ちは膨らむばかりだった。

私は家の中に隠れていないか探し始めた。

居間には座卓とテレビが置かれている。薄暗くはあるが、まだぼんやりとは部屋の中の様子はわかる。ぐるりと見回したが、隠れる場所もなく、気になるものもない。私は居間から続く台所に目を移した。

ダイニングテーブルの上には、チラシや手紙などの郵便物が置かれていた。

私はすぐさま手紙やはがきを手に取り、一枚一枚見ていった。どれもＤＭばかりで、大した内容のものはない。

「おい、ほんとにいないのか！」

声を上げ、気配を探ったが、いる様子はやはりない。

今度は居間の横にあるふすまをあけた。

〈彼女の部屋だ！〉

すぐにわかった。洋服ダンス、子ども時代から使っているだろう学習机、奥には押入れがある。窓際には洗濯物もぶら下がっている。

私は奥に進むと、押入れを勢いよく開けた。

「ここか！」

畳んだ布団がしまわれているだけだった。

窓際の洗濯物が目についた。Ｔシャツやタオル、下着もぶら下がっている。私は一枚一枚確認しながら、彼女の存在を感じていた。

ふと、机の横の壁に掛けられているコルクボードが気になった。何枚もの写真が貼られている。部屋の中はかなり薄暗くなっているため、何の写真かはよくわからない。

部屋の電気をつけようとしたが、思いとどまった。明かりがもれれば、外からばれてしまう。

私は壁に近づいて、写真に顔を寄せた。

男と肩を寄せ合ったツーショット写真だった。そこには自分の知らない彼女の笑顔がある。

それも何枚も何枚も。

〈なんでこんな奴と……〉

嫉妬の気持ちが湧き上がってくる。

つい今しがたまで彼女を全身で感じていたのに、すべてがぶち壊しだ。

〈絶対に許さない〉

怒りに変わる。

私は彼女が行きそうな場所の手掛かりはないかと、机の引き出しを端から開けていった。引き出しの二段目を開けると、そこには手紙やはがきが整理されてしまわれていた。

私は手紙をすべて取り出して、誰からのものかを見ていった。そのなかに親戚からの手紙を見つけた。

〈ここだな〉

直感的に思った。それほど遠すぎず、近すぎずの場所。逃げて隠れるにはちょうどいい。

私は引き出しの中にあったレポート用紙を一枚取り出し、住所をメモした。

ここでじっと待ち続けることなどできない。今すぐにでも会いたい。捕まえて、絶対に逃がしたくない。居ても立ってもいられなかった。

そのまま家を飛び出そうとしたが、念のため、トイレ、浴室などに隠れていないか確認だけはした。

〈よし、いない〉

私は家から飛び出し、車に乗り込んだ。

■逃がさない

日も完全に暮れ、あたりは暗闇に包まれていた。

私はルームランプをつけ、車に積んでいた道路地図をめくった。親戚の住む場所を調べるためだ。

道路地図では正確な位置まではわからないものの、だいたいの場所は理解した。道のりも頭に叩き込んだ。おそらく一時間もかからずに着けるだろう。

近くまで行けば、あとは電柱の住所表記や家々の表札を見て探すだけだ。

私はルームランプを消し、強い決意で車のエンジンを掛けた。

〈必ず見つけ出す〉

車のヘッドライトをつけた。

その時だった。

ライトの光の前を男女の人影が横切った。見知らぬ男、そして彼女だ。

まさに家に帰ってきたところだった。

〈いた！〉

私は即座に車から飛び出し、家に向かう二人に駆け寄った。

「こんばんは」

冷静に声を掛けた。振り返った彼女は身を引いて男に隠れた。

男は彼女の様子から状況をすぐに察した。

「すみません、こういうことやめてもらえますか」

男が言った。その男は写真で見た男ではなかった。

「誰だよ、お前」

「彼女の親戚の者です」

「お前関係ないから」

私は男を払いのけると、おかまいなしに彼女に近づいた。

「やめてください」

男は彼女との間に入って、私を止めた。

「ちょっとだから」

私がそう言うと、彼女が叫んだ。

「もういい加減にしてよ！　話すことなんてないから」

「なんでも力になるって言ったよな」

「もう話す気なんてないから！」

そう言うと、彼女は家の中に逃げ込んでしまった。

「おい、待てよ！」

彼女を追い掛けようとしたが、男が私を制した。

「なにすんだよ！」

男につかみかかった。

「警察呼びますよ」

その言葉に私はひるんだ。その場はあきらめるしかなかった。

「また来るから！」

私はそう言い捨てて、立ち去った。

だが、それ以降、私はもう自分を止めることができなかった。

彼女に会うために、家や職場の周辺をうろついた。さらに親戚の家も突き止め、周辺で待ち伏せした。

しかし、相手も警戒しているのだろう。どうしても会うことができない。イラ立ちは募るばかりだった。

私はほぼ毎日、家か職場か親戚の家の周辺のどこかで待ち続けるか、すべての場所をぐるぐると巡回していた。

毎日、そんな行動を繰り返していれば、当然就職したばかりの会社の仕事に身が入るはずもない。頻繁に休むようになった。会社からは何度も注意されていたが、そんなことは気になどしていられるわけがない。

彼女を自分の手中に収めること、それが今なによりも重要なことなのだ。

そして上司から、これ以上まともに働けないのならクビにすると言われたころだった。

私の家に親戚の男から電話があった。一度話し合いをしたいという。

〈それだよ！〉

私はようやく会うことができると思うと、これまでの悶々とした気持ちが軽くなった。体中にエネルギーが満ちていく感覚だった。

〈話さえできれば、自分の気持ちもわかってもらえる〉

希望を感じていた。

■懇願

ついに、待ちに待った日がやって来た。

待ち合わせの喫茶店に行くと、親戚の男と彼女はすでに来ていた。

席に座ると、親戚の男は言った。

「家とか職場とかをうろつくのを、いい加減もうやめてもらえませんか。本当に迷惑しているんです。わかりませんか？」

私は彼女を見たが、うつむいて黙ったまま、顔を上げようともしない。

「いや、あんたとじゃなくて、彼女と話に来たんだ」

と親戚の男を遮って、彼女に話しかけた。

「なあ、ちゃんと話するんじゃないのかよ」

彼女は首を振った。

ここに来るまでに抱いていた希望が一瞬にして私の中から消え去った。

「俺を見捨てるつもりかよ」

この時はまだ強気だった。

「もう会う気もないし、話す気もない」

彼女は低い小さな声で言った。

「どうしてそんなこと言うんだよ。俺の力になるんだろ」

「もう無理だから。こんなにひどいことしておいて、なに勝手なこと言ってんのよ！」

「お前のせいで俺は年少まで行ったんだぞ。わかってるだろ」

彼女は私をにらみつけた。

「違う！　悪いのは私じゃない！　放火したのも、少年院に入ったのも、全部私のせいじゃない！　やったのはあなた！　私はまったく悪くない！　悪いのはすべてあなた！　あなたはこの先絶対に幸せになれない！」」

私はその剣幕に飲まれた。

「ちょっと待ってくれ。お前のことを心配してるんだよ」

「心配されることなんて何もない！」

「おじさん、おばさんもいなくなって、一人暮らしなんて危ないだろ」

「あなたのほうがよっぽど危ないわよ。これ以上家にも来ないで。次来たら警察行くから」

「そんなこと言うなよ。俺が悪かったのなら謝るから。ただ時々話できるだけでいいんだ」

「もう関わらないで」

「月に一回くらいなら会ってくれてもいいだろ。そしたら家にも行かない」

「もう会わないし、絶対家にも来ないで！」

「電話だけでもいいから」

「ふざけんな！　口も利きたくない」

私は体の奥からしびれるような恐怖が湧き上がってきた。

〈このまま二度と会えなくなるなんて嫌だ。俺のすべてがなくなってしまう……〉

彼女との関係をこれで終わらせてしまうわけにはいかない。どんな形でもいい、どうにかつなぎ止めなければならない。ここで見捨てられるわけにはいかない。

「わかった。もう家にも行かない。電話もしない」

「当たり前でしょ」

「でも手紙だけ、手紙だけ許して。手紙を書くから、その返事だけほしい。それだけでいいから」

私は机に額をこすりつけるようにして懇願した。

「なんでそんなこと……」

私は顔を上げることができなかった。

「心配なんだ。それだけでいい。本当にお願いだから……」

もう後がない。必死だった。

すると親戚の男が彼女に言った。

「もう近づかないっていうんだから、それぐらいいいんじゃない」

その言葉で彼女は渋々オーケーした。

私は救われた気がした。彼女とのつながりを完全に途切れさせずに済んだ。

〈よかった。手紙を通して少しずつ、また近づけばいい〉

私はうまくできると思った。時間をかけながら少しずつ彼女と親しい関係をつくっていこうと思った。

私は家に帰ると早速手紙を書いた。彼女を心配する手紙だ。文章は苦手だったが、便せんにびっしりと書いて送った。

毎日、郵便受けに手紙が届くのを待った。会社に行くこともせず、ひたすら待った。

そして数日後、彼女からの返信が届いた。私はわくわくしながら封を開け、三つ折りになった便せんを開いた。

〝私は元気です〟

たった一行の手紙だった。目を疑った。

私は何かの間違いじゃないかと思って、再び手紙を書いて送った。

結果はさらにひどかった。

〝変わりなし〟

まるで電報のような端的な文字が無感情に並んでいた。絶望的な気持ちになった。また手紙を送ったところでどうせ意味のない返事が返ってくるだけだろう。どうすることもできない苦しみに襲われた。

会社も解雇された。ただそんなことはどうでもよかった。彼女のことで身も心もいっぱいで、もうまともに仕事なんてできやしなかった。

もうすべてを失った感覚だった。

〈どいつもこいつもどうして俺を見捨てるんだ。なぜこんなに苦しめられなくてはならないん

だ。俺が壊れてしまいそうだ〉
気を紛らわそうと外に出ても、見える景色からは、彼女との思い出がよみがえってくる。苦しみが増すばかりだった。
〈こんなところにいたら苦しいだけだ〉
私は帰ってきたばかりの地元を離れ、再び愛知に戻った。少しでも遠くに行けば忘れられるだろうと思った。距離が離れることで忘れられた過去のことを思い出していた。

■海の向こうで

私は再び愛知にやってくると、催眠商法の会社に就職した。

催眠商法とは、会場に高齢者などの人を集め、無料プレゼントを用意したり、格安の日用品を販売したりしながら購買意欲を高め、最終的に高額商品を買ってもらうというもの。世間的にはあまり評判のいいものではなかったが、当時さまざまなところで行われるようになっていた。

仕事では会場に来た人を飽きさせないように面白おかしく進行する技術や話術が求められた。私は話すことがそれほど得意ではなく、思うように売り上げを上げることができずにいた。

彼女のことを忘れられずにいるなかで、社内でも肩身の狭い思いをしていた。

そんなとき上司が私に声を掛けてきた。

「海外でやってみないか」

会社は海外でも事業を展開しはじめたばかりだった。

私は全く知らない海外に行けることに、二つ返事でオーケーした。環境が変わることは大歓迎だった。行先は主に東南アジア地域で、数カ国を回ることになっていた。

出発を三週間後に控えた一九九五年一月十七日、阪神淡路大震災《はんしんあわじだいしんさい》が起こった。テレビから流れてくる光景は衝撃的だった。

連日震災の状況が報道され、混乱もまだ続いている中、私は空港から飛び立った。震災の被害に動揺しつつも、初めて行く海外にわくわくする気持ちのほうが大きかった。

アジア各国での仕事や生活は、見るもの聞くものすべて新鮮で、まるで遊びに来ているような感覚だった。

さらに、シンガポールに異動になった時には、彼女もできた。

彼女は現地事務所で事務員をしていた。私が事務所に初めて出社した日に、カタコトの日本語で気軽に声を掛けてきてくれた。私は特に女性として意識していたわけではなかったけれど、彼女に誘われて食事に行くうちに、自然と付き合うことになった。

私は彼女を毎日のように誘って食事をしたり、遊びに出掛けたりした。そして何度も夜を共にした。

しかしその関係は長くは続かなかった。最初は積極的だったはずの彼女も、徐々に私とのすれ違いが増えてきた。待ち合わせに遅れてきたり、時には来なかったりもした。

私はそれが許せなかった。彼女には毎日のように電話していたが、電話に出ないことも増えた。

〈どうして電話に出ないんだ〉

私の胸の内にはどんどんと不安な気持ちが膨れ上がっていった。友人などもいない異国の地で、独りで取り残されてしまう気分だった。

〈彼女を失えば、自分の居場所もなくなる〉

そう思うと、じっとしてはいられなかった。電話に出なければ、出るまで何度も電話した。一晩中電話をかけ続けたこともあった。

さらに当時のいわゆるポケベルに何通もメッセージを送った。

彼女とは言葉の壁もあって、こちらの思い通りに言うことを聞いてはくれなかった。普段どこで何をしているのかも、日本と違ってつかみにくかった。

〈別の男ができたのかもしれない〉

そんな思いが私を苦しめた。日本にいるときのように思うように身動きもとれない。部屋に独りでいるとどんどん妄想が膨らんでいった。

〈別の男と遊びながら、俺のことを笑ってるんじゃないか〉

その日も彼女に電話してもまったくつながらなかった。ここしばらく何度も起こるこの状況にイラ立ちは募る。

〈そっちから誘ってきたくせに、なんで俺から逃げるんだ〉

悶々とした気持ちは大きく膨れ上がった。

〈もう許せない〉

我慢の限界だった。

私はポケベルにメッセージを送った。

〝I want to kill you（お前を殺したい）〟


翌日、会社に行くとすぐ上司に呼び出された。

「辞めるか、マレーシアに行くか、選べ」

そんな話だった。彼女に送ったメッセージは会社にばれていた。それ以前から執拗に電話を続けていたことも上司の耳には入っていて、どうするか検討していたらしい。今回のメールが決め手となって、シンガポールにいることは許されなくなった。

私はマレーシアに行くことを選んだ。彼女に対する未練はあった。しかし海外ではどうすることもできないこともわかっていた。

私はマレーシアに出発する日、最後のメッセージを送った。

〝Good Luck〟

そんな気分だった。

私はその後、東南アジア数カ国を経て、一九九六年五月、日本に帰国した。三十歳、約一年三カ月の海外生活だった。

第三章●暴走する欲望

■告白

海外から帰国した私は、しばらくの間、愛知の催眠商法の会社で働いていた。
すると、上司が独立して大阪で会社を立ち上げることになった。

「大阪に来て、うちで働かないか」

と声を掛けられ、私は大阪に行くことにした。一九九七（平成九）年三月のことだった。

新会社での仕事は、催眠商法のセミナーの運営ではなく、セミナー会場を見つけてくることだった。ほかのスタッフとは業務内容が違うこともあり、一人で行動することも多く、仕事の勝手もなかなかつかめずにいた。さらに不慣れな土地だったこともあって、悩みの尽きない毎日だった。

そんな私にとって気休めになったのが、会社の立ち上げで新しく入ってきた三十代半ばの女性事務員さんだった。彼女は誰にでも気さくに接する性格で、スタッフみんなとあっという間に親しい関係を築いていた。もちろん私にも気さくに接してくれた。

私は一人で行動していたこともあって、事務所に戻ったときに彼女しかいない場面が幾度となくあった。そこで自然と二人で会話する機会が増えていった。

当初は特に異性として意識していたわけではなかった。彼女は旦那とは別れていたものの、子どももいたため、興味を持ってはいなかった。

ただ、私はその人柄に甘えて、仕事のことや大阪での生活のことなどを相談したり、愚痴を聞いてもらったりした。彼女も私が年下ということもあって親身になって相談に乗ってくれたし、時々食事に誘ってくれたりもした。

〈俺に気があるんじゃないか〉

彼女の優しさは私に対する好意なんだと思うようになってくる。そしていつしか女性として彼女を見るようになっていた。

ある日、私は事務所で彼女が一人でいるのを見計らって話しかけた。食事に誘おうと思っていた。

「今忙しい？」

そう言いながら私は彼女の肩をもんだ。彼女は嫌がったりはしなかった。

「ううん。また何かあったの？」

「社長に怒鳴られた」

彼女は笑った。

「また怒られたんだ。まあでも次がんばればいいんじゃない。守屋くんなら平気よ」

「ありがとう。それよりまたご飯に行こう」

「うん、いいよ」

彼女はあっさりオーケーしてくれた。

二人での食事は楽しかった。たわいもない話もひと段落したところで、私は言おうと決めていたことを口にした。

「ねえ、俺と付き合ってほしいんだけど」

「はあ⁉　そんなからかわないでよ」

彼女は笑い声をあげた。

「本気で好きなんだ」

私の告白に彼女は笑いを止めて言った。

「ごめんなさい。私、年下に興味がないんだ」

「えっ⁉　なんでダメなんだよ？」

「ダメに決まってるでしょ！　旦那と別れたばかりだし、子どももいるおばさんだから」

私は少し驚いた。うまくいくと思っていた。いつも優しく声を掛けてくれるし、私のことを気遣ってくれる。たしかにほかのスタッフたちにも気さくで、優しいのはたしかだけれど、二人で食事ができるのは、おそらく私だけだ。私に気があるはずなのだ。

「じゃあ、一度でいいからヤラせてくれない？」

冗談ぽさも含めて言ったが、完全に本気だった。

「何言ってるの！　できるわけないでしょ」

「黙ってれば誰にもばれないから」

「いい加減にして。ダメなものはダメ。はい、この話はここまで。それより……」

彼女は話題を変えてはぐらかした。

結局その場でそれ以上口説くことはできなかった。

店を出ても私はあきらめきれずにいると、ホテルが目に入った。

「なあ、いいだろ」

私は腕を引っ張り、連れ込もうとした。

しかし彼女は私の手を引き離して言った。

「ダメ。帰ろ」

私はフラれた。

翌日からの彼女は、表向きはこれまでと変わらないように振る舞っていたが、どことなくよそよそしさを感じさせた。話しかければ普通に返してくれるし、これまで通りといえばこれまで通り。ただどことないぎこちなさは残った。私はもっと話がしたかった。もっと近づきたかった。しかし、以前のような気さくさが感じられなくなった。

にもかかわらず、ほかの同僚とは気軽に話す彼女がいた。ほかの男と話をしているのを見るだけで、自分よりも親しくなっているように思えて許せない気持ちにもなった。自分の元から離れていってしまう気がした。

私は外回りの仕事も早々に切り上げて、事務所にさっさと戻った。戻れない時にはなにかしら理由をつけて事務所に電話を入れた。だいたい事務員の彼女が電話を取ったので、声を聞くことができた。ただ仕事以外の話はできなかった。

〈もっと話がしたい〉

そんな気持ちばかりが大きくなっていった。仕事も手につかなくなってくる。

私は当時広く普及した携帯電話に思い切って電話してみることにした。それまでプライベートの携帯に電話したことはなかったし、出てくれないかもしれないと思った。しかし、彼女はすぐに電話に出てくれた。表向きかもしれないが、それほど嫌がる様子もなく話をしてくれた。

私はホッとして、彼女を再び食事に誘った。

「また食事に行こうよ」

「もう行かないよ」

「なんで。行こうよ」

「イヤ！」

彼女は誘いに乗ることはなかった。しかし問題はない。

〈携帯でならまた話ができる〉

これで職場を離れていても、休みの日でも、いつでも連絡が取れるということだ。周りの目を気にする必要もない。それが収穫だった。

それ以来、私は毎日のように電話した。もう電話をかけることへの抵抗感はなかった。誘いを断られることのショックもなかった。一度断られてしまえば、二度も三度も同じことだった。

それよりもつながっていることが大事だった。

〈どうやって食事に連れ出そうか〉

いつも誘い方を考えていた。

〈まあ、そのうち食事にも行けるだろう〉

根拠のない自信もあった。

しかし、うまくはいかなかった。

ある日、携帯の向こうの彼女が言った。

「もう電話かけてこないで」

電話は切れた。かけ直したが電話には出ない。これで終わってしまうと思うと、居ても立ってもいられない。私は電話を何度かかけたが、携帯の電源を切られ、つながらなくなった。

私は無性に腹が立ってきた。

〈何様だよ〉

私はしばらくしてから電話をかけ直した。電源は再び入っていた。私は深夜にもかかわらず電話を鳴らし続けた。

すると彼女が電話に出た。と同時に、

「いい加減にして！」

と彼女は怒鳴って電話を切った。

その勢いに怒りの感情はしぼんだ。そして今度はこのまま関係が終わってしまう恐怖に襲われた。

〈ああ、どうしよう……〉

もう一度電話をしてみたが、電源は切られていた。

翌日、会社に行くと、彼女の態度はあからさまに違っていた。私と目を合わせることもなくなった。話しかけても、仕事に必要な最低限の返答しか返ってこない。ほとんど無視されているような状態だった。

私は見捨てられてしまうことが怖くて怖くてたまらなかった。

〈なんとかしないと……〉

私は彼女と話をする方法を考えた。

〈そうだ！〉

私は一度会社の外に出た。そして会社に電話をかけた。

事務員の彼女が電話に出た。思った通りだった。

「守屋です。少し話を……」

電話は瞬間的に切られた。

もう頭の中は彼女のことしかなくなった。

■自宅を探す

〈どうすれば彼女と連絡がとれるか〉

私はその手段をひたすら考えていた。

〈ちゃんと話せば俺の気持ちはわかってもらえる〉

その一心から私は一つの方法を思い付いた。うまくいくかはわからなかったが、やれることは何でもやるしかない。

私は急《せ》いた気持ちを抑えながら、近くの電話ボックスに向かった。狙いは電話帳だ。当時の電話ボックスには電話帳が置いてあり、そこには個人宅の電話番号と住所が記載されていた。

〈この中のどこかに彼女につながる番号があるはずだ〉

私は電話帳を開き、彼女と同じ苗字の部分を破り取って持ち帰った。

家に帰ると、端から電話をかけていった。

「突然すみません。〇〇さんの会社の者です。〇〇さんと急ぎで連絡を取りたいんですが、携帯がつながらなくて……」

そう言って電話をかけた。当然無関係な人には話はまったく通じない。間違い電話だと言われるだけだった。

しかし十数件目のことだった。

「突然すみません……」

何度も繰り返してきた言葉をよどみなく話すと、これまでにない返事がきた。

「ああ、○○ちゃんのことね、姪っ子だよ。自宅の電話わかるから、ちょっと待って」

すぐに番号を調べて教えてくれた。

「ありがとうございます。助かります」

ついに彼女の自宅の電話番号を手に入れた。

私は早速電話をかけた。

女の子が電話に出た。

「お母さんいる?」

と私が聞くと、

「はい」

と女の子は答えた。私の心臓は高鳴った。

「変わってもらえますか」

「ちょっと待ってください」

と言って、女の子は受話器の向こうで叫んだ。

「おかあさーん、電話ー」

しばらくすると、彼女が電話のところにやってきて、

「だれ？」

と女の子に聞いた。

「よくわからないけど、男の人」

女の子が答えた。

私は受話器の向こうからかすかに聞こえる会話に耳を澄ましていた。自分の知らない彼女のプライベートをのぞき見たようで、そわそわとした気持ちになった。

すると、彼女の声が受話器から聞こえてきた。

「もしもし……」

声が聞けたことに悦びを感じた。自分の口元も緩んでいるだろう。

「守屋です」

できるだけ落ち着いて言った。

「えっ⁉」

彼女は言葉に詰まった。

「今、少しだけいい？」

私がそう言うと彼女は声を荒げて言った。

「ほんとにいい加減にして！　なんで自宅にまでかけてくるの！　もうやめて！」

〝ガチャン〟

受話器を叩きつけるようにして彼女は電話を切った。すぐに電話をかけ直したが、どれだけ鳴らし続けても、その日再びつながることはなかった。

翌日、彼女は会社を休んだ。私は彼女のことが気になって携帯や自宅に電話した。しかしつながらなかった。

〈無視する気か。それならこっちから会いに行ってやるよ〉

そう思った私は、今度は職業別の電話帳で探偵を探した。そして見つけた探偵事務所に電話して聞いた。

「電話番号から住所を調べることはできるのかな?」

「すぐわかりますよ」

即答だった。

「いくらでやってもらえるの?」

「二万円です」

「わかった。すぐ振り込む」

私はそのまま銀行に行き、指定された口座に二万円を振り込んだ。

それから約二時間後、探偵事務所から連絡が入り、彼女の住所が判明した。

私は手始めに住宅地図を作っている会社の営業所に駆け込み、その住所エリアの住宅地図を購入した。

以前、一般の地図だけで家を探したとき、思った以上の手間と時間がかかったことを覚えていた。

今回再びそんな労力をかける気はない。

住宅地図をめくると、彼女の家はしっかりと掲載されていた。

〈前もこうしとけばよかった〉

私はすぐさま車で彼女の家に向かった。

家はすぐに見つかった。立派な一軒家だ。家の前に車を停めるスペースはなかったため、少し離れた場所にあったパーキングに駐車し、徒歩で自宅前に向かった。

気持ちは弾んでいた。

入口の門にはカメラのないインターホン。ためらうことなく、押した。

〝ピンポーン〟

十五秒ほど待っただろうか、反応がない。そしてもう一度押そうとしたとき、声が聞こえてきた。

「はい、どちら様……」

彼女だった。

「守屋です。ちょっと出てきてくれないか」

「なんで⁉　もう、ほんとにやめて！」

彼女は怒鳴り声をあげた。

「そんなに怒らないで」

「ふざけないで！　なんでこんな嫌がらせするの」

「そうじゃない。嫌がらせしたいわけじゃない」

「頭おかしいでしょ！」

「ちゃんと話したいだけなんだ」

「帰れ、帰れ！」

「そんなこと言わないで、許してよ」

「うるさい！」

そこでインターホンは切れた。すぐにインターホンを押したが応答はなかった。携帯から電話しても、つながることはなかった。

しばらく粘ってはみたが、人通りもあり、近所の目も気になる。それ以上どうすることもできなかった。一旦はその場をあきらめて帰ることにした。

■話し合い

翌日、会社に彼女はいなかったが、私が彼女の家に行ったことは事務所の全員に知れ渡っていた。

私は社長に呼び出され、その場で解雇を言い渡され、帰らされた。

もう会社に行くこともできない。

〈このまま終われるわけがない。まだなにも話せていない……〉

私は荷物をまとめて会社を後にすると、すぐ彼女の携帯に電話した。出なかった。

〈会社にいないとすれば、家か〉

自宅にも電話した。

数コールで電話はつながった。

「もしもし」

聞こえてきたのは低い男の声。

私は驚いて言葉に詰まった。そのまま電話を切った。

〈だれだ!? なんで男が出るんだよ〉

こんな昼過ぎに男が家にいるとは思ってもみなかった。

彼女は旦那と別れて娘と暮らしているはず。男がいるとは聞いていない。ただあれだけ立派な一軒家に二人で住んでいるとも思えない。

〈おそらく親だ……〉

私は勝手に判断した。ただいつその男が家にいるのかわからない。家への電話がかけにくくなってしまった。

　ひとまず翌日からは、会社の周辺をうろつきながら、彼女と会えるチャンスを狙った。私はもう会社にいないのだから、彼女は毎日出社してくるに違いない。

　そして思った通り、彼女は会社に出勤していることがすぐにわかった。会社はビルの三階にあるのだが、下からその窓を眺めていると、時々外をのぞいて、周辺を見回している彼女の姿が見えた。私は見つからないように、物陰に隠れて様子を見ていた。

　そして彼女の姿を見掛けるたびに、会社の同僚たちに嫉妬した。仲良く話をしている姿が頭に浮かんで離れない。

〈どうしてそこにいられないんだ〉

　私は苦しくて、苦しくてたまらなかった。

〈すぐ目の前にいるのに……〉

　私はいつもビルの前にいては見つかってしまう可能性があるので、時折通行人のふりをして、朝の通勤時間帯や夜の終業時間を狙ってビルの前を歩いて通り過ぎたりもした。少し離れた場所に身を隠して、終業後に通り過ぎないかと待ち伏せした。昼食時間には近くのコンビニに車を停めて彼女が来るのを待ち構えた。たまにコンビニに昼食を買いに出ることを知っていた。

　しかし、会うことはできなかった。待つ場所を日ごとに変えてみたものの、やはり会えなかった。私は我慢し続けることが苦しくなった。

〈もう会社に行くしかない〉

そう決めた。しかし突然会社に行っても追い返されるだけなのはわかっていた。顔を出すには何かしらの理由が必要だ。私は考えた末、社長に金を貸してもらうお願いをしにきた体で行こうと思った。

翌日すぐに決行した。そうはいってもできるだけ人が出払っている昼過ぎの時間を狙った。そうすれば彼女と二人で会える可能性もある。

私は事務所のドアを開けた。事務所内に人気はなく出払っているのがわかった。彼女の姿も見えず、そこにいたのは社長だけだった。

「……お、お前、なにしに来た」

一瞬社長の表情は固まっていた。

「金貸してくれませんか」

私は用意していた言葉を言った。

「お前、ふざけてるのか。ここら辺ふらふらしてるのも、みんな知ってるぞ。彼女おびえさせてどうする気だよ」

「ただしっかりと話がしたいだけですよ」

「お前なあ、ほかの連中にこんなとこ見つかったら袋叩きにされるぞ。さっさと帰れ」

結局彼女の姿を見ることもできないまま追い出された。

それ以上会社に顔を出す勇気もなかった。袋叩きにされるのは御免だ。

とはいえ、すべてをあきらめるわけにもいかない。

〈今日会社にいなかったな〉

私は彼女が会社にいないのが、休んでいるからなのか、どこかに席をはずしているだけなのかわからなかった。

会社にいないなら、家にいるかもしれない。

私はまずは携帯に電話をした。出なかった。

家に電話してみた。男が出たらすぐ切るつもりだった。

電話の呼び出し音が続いた。

〈いないか……〉

十コール以上鳴らして、電話を切ろうとしたとき、電話がふいにつながった。

「もしもし」

彼女の声だった。

「あ、守屋です」

少し緊張した。

「もういい加減して！」

「いや、一度でいいから会って話をしてくれればいいから」

「電話も、待ち伏せも、もうやめろ！」

すでに穏やかな口調ではない。

「会ってくれればやめるから」

返事は返ってこない。

「なあ、いいだろ」

しばらく沈黙が続いた。そして彼女は開き直ったように言った。

「わかった。会ってやるよ」

「ほんと！」

「ああ、ただ社長と一緒に。そうじゃなければ絶対に会わない」

「なんで社長となんだよ。関係ないだろ」

「それなら絶対に会わない」

私には意味がわからなかった。

〈なんで社長が出てくるんだよ〉

ただ、彼女はその条件を譲る気はまったくなかった。

私は渋々その条件をのんだ。とはいえひとまず彼女と会う約束を取り付けられたことは前進だ。

「じゃあ、社長から連絡が来るまで待ってろ」

そう言って彼女は電話を切った。

しばらくして社長から電話が来た。

「三人で話し合おう」

〈話し合う？〉

こちらとしては話し合いのつもりなど毛頭ない。

「なんで話し合わなくちゃいけないんだ。社長が出しゃばってくるなよ」

「お前いい加減にしろよ。俺が解決してやろうとしてるんじゃねえか」

社長の言う解決とは、私と彼女の仲を取り持ってくれるのか、もしくは無理矢理に引き離そうとしているのか……。私はその言葉の真意がわからなかった。

ただどちらにしても言えることは、〝話し合い〟に応じなければこの先、彼女とスムーズに会うことはできないということだ。まともに話ができるチャンスはもうここにしかないかもしれない。

私は、〝話し合い〟することを受け入れた。

■準備

それから数日後、彼女と会う日がセッティングされた。

いつ以来だろうか。面と向かって話をすることができるのは。日が近づくにつれ、会える喜びが膨れていった。

しかし、それを打ち消すように大きくなっていく気持ちがあった。不安だ。

社長も含めた〝話し合い〟というのが、どうしてもしっくりこない。決していい感情を持たれていないことはわかっている。

〈本当に彼女は来るのか〉

〈無理矢理にもう会わないことを約束させられるのではないか〉

〈社員の奴らに囲まれて袋叩きにされるんじゃないか〉

考えれば考えるほどにその不安は膨れ上がり、恐怖心へと変わっていった。

もちろん二度と会わないという約束などなんと言われようとも、絶対にするわけがない。折れる気など一切ない。そこは二人でちゃんと話をして、自分の気持ちを理解してもらえれば、うまくいくはずなのだ。その場は誰からも邪魔をされたくない。

しかし、社長がいる。彼女がもう一度会ってもいいと思っても、社長から誘導されて、私を拒否するかもしれない。

〈本当に大丈夫なのか〉

私は彼女から完全に拒絶される恐怖にさいなまれた。

〈どうしよう〉

弱気な気持ちが抑えきれない。

〈でも、絶対に会いたい〉

そんな気持ちで当日の朝を迎えた。ほとんど眠れなかった。

気付けば台所に立ち、包丁を手にしていた。

〈もしもなにかあったときのために……〉

私は手にした包丁の刃にタオルをぐるぐる巻いた。さらにもう一本包丁を取り出した。

〈念のため、もう一本〉

それにも同じようにタオルを巻いた。

私はそのうち一本の小さめの包丁を上着の内ポケットに入れた。スーッと恐怖心が薄らぐのがわかった。

〈ちょうどいいお守りだ〉

準備は整った。

私は待ち合わせの喫茶店に向かうため、車に乗り込んだ。用意したもう一本の包丁は、トランクに隠しておいた。

〈これで大丈夫だ〉

私はエンジンを掛けた。

〈やっと彼女に会える〉

気持ちは軽やかだった。彼女に久しぶりに会える喜びを感じながら、車を発進させた。

■逮捕

待ち合わせの喫茶店の駐車場に着いた。

私は喫茶店の入り口のドアを開け、ゆっくり中に入った。

すぐに社長と彼女が腰掛けているのが見えた。社長はタバコを吸いながら、彼女に何かを話しかけている。彼女はといえば、腕を組んで、うつむき加減で動かない。軽く店内を見回したが、二人以外に社員などの知った顔は見当たらない。

その時、社長と目が合った。社長は吸っていたタバコを消し、私に向かって手招きをした。

私は席に向かいながら彼女を見つめたが、下を向いたままで目は合わない。

「守屋、久しぶりだな」

社長が言った。

「お久しぶりです」

と言いながら、彼女の向かいの席に座った。

店員がおしぼりとお冷を持ってきたので、コーヒーを注文した。

彼女を見た。

しかし彼女は視線をまったく上げようとしない。おもむろに足を組み、組んでいた腕を解き、ふてくされた様子でタバコに火をつけた。テーブルの上の灰皿にはすでに数本の吸い殻がある。

私は彼女の様子を見ながら思った。

〈なに強がってんだよ〉

弱さを見せまいとするその姿が、より一層彼女を自分のものにしたいという思いを強くさせた。

コーヒーが運ばれてくると、社長が会話を切り出した。

「守屋、もう会社の周りをうろついたり、電話をかけたりするのはやめてくれ。みんな迷惑してるんだよ」

「困らせるつもりなんてないですよ」

「だったらやめろよ」

「俺を拒否してるからでしょう。会って話ができればそんなことはしない」

タバコをふかしていた彼女が私をにらみつけた。初めて目が合った。

「ふざけんな！」

勢いに押される。

「そんなこと言うなよ、たまにいいだろ」

「絶対に嫌」

「月に一回くらいなら、いいだろ？」

「誰が会うか、ボケ！」

そう言うと、彼女はタバコをぱかぱかとふかした。

彼女のそんな態度や言葉遣いは初めてだった。私もだんだん腹が立ってくる。

「なんだよ、その態度」

「なんだよって、なんだよ！」

彼女も引かずにさらににらみつけてきた。

「やめろ！」

と社長が間に入った。

「守屋、お前ももうあきらめろ。嫌がってるだろ」

「そうじゃない。会って話がしたいだけで、迷惑なんかかけない」

「きもい！　きもい！　きもい！　うそつくな、このストーカー!!」

彼女は叫んだ。

私は生まれて初めてストーカーという言葉を投げつけられた。

その言葉は私を激しく罵《ののし》っているものだとわかったが、当時ストーカーという言葉はまだ使われ出したばかりで、その勢いほど私には響いていなかった。

「ストーカーってなんだよ。ただ仲良くしたいだけなんだよ」

彼女は鼻で笑って言った。

「お前、そんなに私に会いたいのか……。じゃあ会ってやるよ」

「ほんとか⁉」

「ただ条件がある。三カ月間、一切連絡してくんな。しっかりいい子にしていられたらまた会うことを考えてやるよ」

彼女はあざ笑うかのような表情をしてタバコを消した。

怒りが一気に込み上げてきた。

その瞬間、私の感情に気付いたように社長が割って入ってきた。

「ああ、そうしよ、そうしよ。な、守屋、お前がなんもしてこなかったら、三カ月後に俺がまたセッティングしてやる。いいだろ、わかったか」

社長は私に何も言わせなかった。

そしてこの話し合いは終わった。

私の頭の中は、この話し合いが何だったのか、整理がつかずにいた。

〈このまま帰るべきなのか?〉

社長が伝票を持って立ち上がり、レジに向かった。彼女も後に続いた。

〈三カ月待てばまた会える?〉

私も立ち上がりレジに向かった。

〈でも、今日もなんの話もできてないじゃないか！〉

社長が会計を済ませた。私は先頭で店を出た。

〈ただ普通に話がしたいだけなのに、なんで俺が我慢しないとだめなんだよ……〉

納得できるはずはなかった。

〈このまま帰して、三カ月も我慢なんかできるかっ！〉

私は後ろから出てきた彼女に殴り掛かった。

「コノヤロー！」

彼女はとっさによけようとして、私の腕をパンッと払いのけた。

私は腕がはじかれて一瞬ひるんだ。そこへ社長が飛び掛かってきて、取り押さえられた。

そして様子を目にしていた誰かが通報したのだろう、まもなく駆け付けた警官に引き渡された。

私はその場で身体検査を受けた。

懐に持っていた包丁はすぐに見つかった。車の中も調べられ、もう一本の包丁もあっさり見つかった。

私は抵抗することも、隠すこともしなかった。

なぜなら、包丁は使おうと考えていたわけではなく、あくまでもお守りとして持っていただけだからだ。

もちろんなにかの拍子で使ってしまう可能性はあったのかもしれない。しかし、そのときの私は最後まで使うという行動や感情にはいたらなかった。それが事実だ。

私は銃刀法違反の容疑で逮捕された。

■本番はここから

銃刀法違反で逮捕された結果、私は四十八時間拘留された後、釈放された。その後、裁判所で罰金十三万円の判決が言い渡された。それだけだった。

彼女はそれまでのことを警察に説明したようだが、それ自体は事件としては扱われなかった。一九九七（平成九）年当時は、ストーカー規制法もなく、警察に訴えても取り締まる法はなかった。犯罪でない以上、警察は民事不介入で積極的にかかわることはなかった。それが当り前だった。

しかし、警察沙汰を起こして逮捕されれば、普通であればそうした行為が収まったのかもしれない。

私は違った。逮捕されたことで彼女に対するボルテージはさらに高まった。

ここからが本番だった。

釈放された私は、彼女の自宅や携帯に何度も電話をかけた。しかし電話はつながらない。

以前と変わらず会社の前を何度も通り過ぎた。

ある日会社の前を通り過ぎながら事務所の窓を見ると、こちらを気にしている彼女の姿が見えた。一瞬目が合った気がした。すると彼女はさっと身を隠した。

私はその姿にイラッとした。

少し間をおいて会社に電話した。事務員である彼女は電話に出るに違いない。

呼び出し音が数回鳴ったところで、思った通り彼女が電話に出た。

私は受話器に叫んだ。

「今日がお前の命日だ！　なめんなコノヤロー！」

彼女とコンタクトが取れないこと、解雇されて会社に行けなくなったこと、そこに彼女がいることなど、彼女への好意と憎しみが入り混じった複雑な感情だった。

もう彼女以外のことはどうでもよくなっていた。

私は思った。

〈もうどうなってもいい。あいつをさらって一緒に死んでやる！　絶対に逃がさない〉

私の思考は身勝手極まりない方向へと動き出した。

私は彼女が会社にいる間に、彼女の自宅に行った。

〈どこか入り込める場所はないか〉

〈目立たずに待ち伏せできる場所はないか〉

〈連れ去れるタイミングはないか〉

下見のつもりだった。だが思い通りに事が運べるとは思えなかった。

家の周りは高い塀で囲われ、入り込むすきが見つからない。道幅も狭く、車を停めて見張っていることもできない。さらにそこは住宅街。目の前にはマンションが立ち、人通りや人の目も多く、目立ちすぎる。

無理矢理塀をよじ登って、ガラスをぶち破ってという強引な方法も頭をよぎったが、うまくできる気がしなかった。それほど近づきにくい家だった。

結局、家に入り込む方法も、拉致《らち》する方法も見つけられなかった。

改めて考えるしかなかった。

その日以来、食事もまともにとらなくなった。風呂にもろくに入っていない。眠くもならない。日常の生活は破綻《はたん》していた。

〈苦しい……、苦しい……〉

ずっと悶々としていた。どんなにあがいても会えない。声も聞けない。もうどうにもならない。この苦しさから逃れたい……。

そんなときだった。社長から連絡がきた。

「会社、辞めたぞ」

彼女が会社を退職したことを知った。

〈もう会社に電話しても、足を運んでも、そこに彼女はいない……。会社のやつらと仲良くすることももうないのか……〉

そう思うとどこか楽な気持ちになった。

さらに家にも近づきにくいことはわかっているし、なによりも私の家から彼女の家まではそれほど近くない。そこに通い続けることは面倒に思えた。

〈もうどうでもいいか〉

私の彼女への執着心がうそのように、急激に冷めていった。

そしてぼんやり思った。

〈どうして女性との関係はいつも苦しみの結末になるのか……〉

私はこの苦しみをもう二度と味わいたくないと思っていた。ただどうすれば苦しむことがないのか、それは全く見当もつかなかった。

そんなことを考えていると、ふと彼女に投げつけられた言葉が頭の中によみがえってきた。

「きもい！　きもい！　きもい！　うそつくな、このストーカー!!」

■ストーカーじゃない

この一件以来、数年の時が過ぎた。世の中も変わり、二〇〇〇年にはストーカー規制法ができ、ストーカーはその行為自体が犯罪となった。

私はその間、いわゆるストーカーと呼ばれる行為に及ぶことはなかった。ただ結婚はずっとしたいと思っていて、いい人との出会いを探していた。

ある日、私は書店で本を購入した。占いの本だ。もちろん恋愛運、結婚運を占いたかったたからだ。

私は本の内容に共感を覚えた。そして実際に占ってもらおうと、占い師の元を訪ねた。占い師は女性で、会った瞬間、好きになってしまった。私は占い師に会うために何度も通った。相談をしながら、関係を深めたいと思っていた。

そんな思惑を秘めながら、占い師の講演会にも参加した。

そこで偶然隣の席に座り、話をした女性がいた。占いという共通の話があったこともあり、その女性とは自然と会話もはずんだ。

そしてデートにも誘った。私を拒絶することもなく、交際は順調に進んでいった。いつしか私の興味は完全にその女性に移っていた。

そして二〇〇四（平成一六）年一二月、三十九歳で私はその女性と結婚した。当然、ストーカー行為に及ぶこともなく、過去のようなつらい思いを抱くこともなかった。

結婚生活も大きな問題がないまま、時は過ぎていった。時間とともに当初の熱量はなくなり、お互いにマンネリ化した関係になっていった。

結婚から四年目の二〇〇八（平成二〇）年のことだった。私たち夫婦は、住んでいたマンションから引っ越しをすることになった。

引っ越しの日、妻の友人だった近所の主婦が手伝いに来てくれた。彼女はちゃきちゃきとした性格で、周りを引っ張っていくタイプの女性だった。引っ越しの手伝いもてきぱきとしていて、とても心強い存在だった。

そんな彼女は信仰を持っていた。妻はもともと入信を勧められていて、関心を抱いていたようだった。そして彼女は私に対しても入信を強く勧めてきた。

「幸せになれるから、夫婦で入信しなさいよ」

「ほんとに？」

「絶対だから。もし幸せになれなかったら、蹴るなり、殴るなり、好きにしていいから。ほんとに自信あるのよ」

「わかった。そこまで言うなら入るよ」

私と妻は入信した。

彼女の絶対的な自信と信仰に対する思いに共感することもあっての入信だった。ただそれだけの純粋な気持ちだけではなかった。

〈チャンスがあれば、彼女と体の関係を持ちたい〉

そんな下心も含まれていた。私は彼女の強気な姿勢とともに、必死に勧誘している姿に魅力を感じていた。

だから私は信仰を理由に事あるごとに彼女を呼び出した。彼女はそのたびに会いに来てくれて、話をしてくれた。

しかし、彼女との会話の内容は徐々に信仰の内容からずれていき、男女の関係を迫るものへと変わっていった。

「一回くらいいいだろ、減りやしないんだから」

「あなたと関係を持つ気なんてないわよ。ふざけないで」

彼女は決して折れることはなかったし、強気の姿勢は崩さなかった。さらに男女の関係を迫る私に対して、完全に拒絶するわけでもなく、私の態度を諫めながら、信仰について話をしてくれた。

私はその姿が健気に見えた。彼女が拒否すればするほど、自分のものにしたいという気持ちは高まっていった。

〈本当は弱いくせに〉

私の彼女へのアプローチはエスカレートしていった。

「絶対に幸せになれるんだろ。全然幸せになんかなれないんだけど。なれなかったら何してもいいって言ってたよな」

私は何度も迫った。暇さえあれば電話やメールで連絡し続けた。

「もういい加減にして」

彼女は徐々に電話にも出なくなり、メールの返信も返ってこなくなった。

それでも私はお構いなしだった。電話に出るまでかけ続けたし、メールも日に何十通も送り付けた。自分から離れていこうとすることが我慢ならなかった。

そんなある日、彼女に電話をかけると、彼女が電話に出るなり言った。

「これ以上ストーカー行為を続けるなら、警察に行きます」

電話は切れた。

さらに妻とともに宗教団体を強制的に辞めさせられることになった。

私はそれ以上彼女に対して何かしらの行動を起こすことはなかった。悔しい思いはあったが、追いすがる気は全くなかった。過去のそれとは完全に違っていた。

〈ただ不倫がしたかっただけだから〉

そんな気持ちを抱いていた。

〈今回は彼女をうまく口説けなかった。それだけのこと〉

彼女は私を「ストーカー」呼ばわりしたけれど、以前のような苦しさも、執着心もない。

〈もう昔のような気持ちにはならない〉

私の心には余裕もあった。

そして自信が確信に変わった。

〈俺はもうストーカーなんかじゃない〉

第四章●あぶりだされる本性

■メディアからの取材

〈俺はもうストーカーなんかじゃない〉

そう確信した瞬間、私は閉じていた目を開いた。目の前の天井を見て、東京から大阪に帰る夜行バスに乗っていたことを思い出した。まもなく大阪に着くところだった。

〈俺の経験を生かして、必ず社会に貢献してみせる〉

私の決意はより強いものになっていた。


大阪に戻ると、早速、私の話を聞いてくれた女性カウンセラーが開くセミナーに参加して、ストーカー問題の基礎から学び始めることにした。セミナーに参加するまでは自分でいろいろと勉強し、わからないことがあればカウンセラーに質問するなど連絡をしていた。自分を知った方が良いと言われ、無料でセラピーを受けさせてもらったりもした。

そんななか、カウンセラーから「取材を受けてみないか」と話を持ち掛けられた。元ストーカー加害者の話が聞きたいと新聞社から問い合わせがきたという。

私はそれを契機にいくつかの新聞やテレビなど、メディアからの取材を受けた。元ストーカーとしての体験を話し、カウンセラーの話に感銘を受けたこと、加害者の更生支援が絶対に必要だと思うこと、自分も更生支援をしてみたいということなどを訴えた。特にストーカー加害者の心理についての体験談は取材者も関心を持って聞いていた。

私はメディアの取材を受けるたびに、自分が社会の役に立てるんだということを感じていた。自分の自信にもなっていった。

そして、ある新聞社の取材を受けた時だった。

私はいつものようにこれまでの自分の過去のことや、カウンセラーの話に感銘を受けて教えてもらっていること、さらに自身でも加害者更生支援をやっていきたいことなどを語った。

取材はつつがなく終わった。

すると後日、記者から電話があった。

「カウンセラーの方とのツーショット写真を掲載したいのですが、撮影させてもらえませんか？」

「いいですよ。一応確認して折り返します」

と言って電話を切った。

私はカウンセラーと一緒の写真が撮れるのはうれしいことだった。早速カウンセラーに電話をした。

「新聞社から、ツーショット写真を載せたいと言われているんですが、一緒に撮ってもらえませんか？」

「は!?　そんなことできるわけないじゃない」

「え、どうしてですか」

思っていた返事ではなかった。

「あなたと私が連携しているように思われるでしょ」

「だめなんですか?」

「当たり前でしょ。一緒に活動してるわけじゃないんだから」

「でも……」

「とにかくツーショット写真は無理と伝えてください」

「わかりました……」

私は記者に無理なことをそのまま伝えた。

しかし記者はあきらめなかった。

「なんとかなりませんか?」

「だめだと言われてしまったんですよ」

「お二人の写真があったほうが説得力があると思うんですよ。なんとかもう一度お願いしてもらえませんか?」

「そうですか、わかりました。もう一度聞いてみます」

そこまでお願いされて、私には断る理由もなかった。それに一緒に写真に写ることをどうして断るのかもよくわからなかった。

〈もしかして自分を避けている?〉

そんな一抹の不安を感じながら、もう一度カウンセラーに電話した。

「守屋です」

「どうしました? なにかありましたか?」

「新聞記者にツーショット写真はだめだと伝えたんですが、どうしても載せたいって言ってるんです。一緒に撮ってもらえませんか?」

「だめだと言いましたよね。どうしてまた言ってくるんですか!」

カウンセラーの声は厳しかった。

「え!?」

私はなぜ怒らせてしまったのかわからず混乱した。

「あなたと私は連携してるわけじゃないのに、連携していると世間が誤解します。何度も同じことを言わせないでください。そんなこともわからないなら、もうこれ以上私に電話してこないで」

それまでは優しく対応してくれていたにもかかわらず、その変貌ぶりに困惑した。

〈記者から頼まれたことを伝えただけなのにどうして?〉

そんな思いとは裏腹に、気付けば電話越しに必死に謝っていた。

「ごめんなさい、ごめんなさい。そんなつもりじゃないんです。本当にごめんなさい。どうか許してください、お願いだから……」

私は携帯電話を握りしめながら無我夢中で頭を下げた。

〈見捨てないで〉

恐怖だった。

相手はメディアにも取り上げられるほどの著名な人。そんな人に今ここで見捨てられてしまうかもしれない。居ても立ってもいられなかった。

「ごめんなさい。僕が悪かったです」

私は追いすがった。悪気がないことを伝えたかった。

「でもわかってください。僕はただ言われたことを伝えただけなんです。この活動に一生懸命取り組みたいだけなんです、どうか僕の話を聞いてください」

すると、カウンセラーは言った。

「そこまで言うなら、あなたの理解のどこが悪かったのか、メールにまとめて送ってきてくださ い」

「はい、わかりました。すぐに送ります」

電話は切れた。

首の皮一枚つながった気持ちだった。

私は早速反省のメールをまとめた。私が写真を撮りたかったのではないこと、記者から無理矢理頼まれて電話をしてしまったこと、私とカウンセラーが連携して活動しているわけではないこと、そしてこれからもいろいろと教えてもらいたいことなど、必死で書き綴《つづ》った。

メールを送ってしばらくすると、カウンセラーから返信があった。そこには一緒に写真を撮らない理由がわかったのであれば今後も連絡して良いという内容が書かれていた。

しかし、私は不安で仕方なかった。メールからは以前のような優しさは感じられなかった。

〈本当に許してくれているのか〉

〈私を避けようとしているのではないか〉

そんな不安が頭から離れなくなった。

〈彼女と話がしたい〉

思いは募るばかりだった。しかし次に彼女と話ができる機会は毎月のセミナーの時しかない。そんなに待ってなんかいられるはずもなかった。

私は彼女に電話した。

「守屋です。この間はすみませんでした」

「あの話はもういいわよ。あなたが理解してればそれでいいから」

「はい。でもあれは新聞記者から頼まれたからで、私が無理に撮りたいと言ったわけじゃないんです」

「もういいわよ。それで今日はなにか用?」

「あ、いえ、ちゃんと謝りたかったので」

「もうわかったから、ほかに用事がなければ切るわよ」

「はい」

ただそれだけの電話だった。しかし電話に出てくれた。もう怒ってはいなかった。それだけでよかった。その時は……。

■発作

数日もすると、発作のように彼女と話がしたくなった。いくつかの取材を受けている時にはその都度当たり前のように電話で話もできていたのに、その件以来、連絡をとることもなくなってしまった。ぽっかりと心に穴が開いてしまったようだった。

〈なにか用事はないか〉

私は彼女に電話するための口実を探した。最初はセミナーのこと、カウンセリングのことなど、わからないことがあると言って電話した。

そのたびに彼女は教えてくれた。

ある日電話をすると、彼女は出なかった。しばらくしてもう一度電話をしてみたが、やはり出ない。

〈どうして出てくれない〉

不安になった私はさらにもう一度電話をした。しばらく呼び出し音が鳴り続けたところで、ようやく彼女が出た。

「ごめんなさい、カウンセリング中だったのよ。で、なに?」

「すみません、お忙しいところ。セミナーのことで聞きたいことがあって……」

私は無理矢理に作った話題を投げ掛けた。会話自体はほんの一、二分で終わるようなものだったが、声が聞けたことだけで不安は消えた。

ただその気持ちも長くは続かなかった。

時間がたてばすぐに不安な気持ちはやってきた。

そのたびに電話で話す話題を考えた。セミナーやカウンセリングのことだけでなく、最近のニュースや起こった事件のこと、家で困っていること、飼っている犬のことまで、話題にできそうなものがあればなんでもよかった。とにかく話さえできればよかった。

しかし、徐々に彼女は電話に出なくなった。電話に出なくなると、今度は不安が大きくなり、「見捨てられる恐怖」が増大していく。するとさらに電話をかける頻度は増していくことになる。

メールも何通も送り付けた。

「仕事の邪魔だから、いい加減にして!」

時々彼女に電話はつながるのだが、毎回怒られるだけだった。

ただまったく電話に出てくれないよりも、電話に出てくれて怒られるほうがまだましだった。

見捨てられてはいないという気持ちになれた。

〈加害者の更生支援がやりたいだけなんだ。ちゃんと話さえできれば、わかってもらえる〉

ずっとそう思っていた。

そしてカウンセラーの講習の日が来た。私はカウンセラーに会えることを楽しみに東京に向かった。

そして講習が終わると、カウンセラーから呼ばれた。

「何度も何度も電話をかけてくるのは、やめてください。迷惑です」

「迷惑を掛けたいんじゃないんです。ただ電話に出てくれないから……」

「限度があるでしょ。今のあなたはまるでストーカーじゃない」

「違う。そうじゃない。誤解しないで。電話に出てくれればわかってもらえるんだから」

すると彼女から提案が出された。

「じゃあ、こうしましょう。電話は週に一回、メールは一日二通まで。それを守るなら、これまで通り対応します」

私は守ることを約束した。

とはいえ我慢できたのはほんの数日のことだった。あいさつ程度のメールを続けていても、満足などできなかった。

〈もっと相手にしてほしい〉

〈もっと話がしたい〉

〈もっと仲良くなりたい〉

〈もっと深く彼女を知りたい〉

〈もっと、もっと……〉

気持ちは底なし沼にはまっていくように、どこまでも彼女を求めるようになっていた。

電話の回数は増え、電話に出ないとメールも送り続けた。

そのたびに怒られはしたものの、必死で謝ることで、なんとか許してもらった。しかし、私の行動はエスカレートするばかりだった。近づきたいのに近づけない気持ちは抑えが利かなくなっていく。

電話を一晩中かけ続けたこともあった。それでも電話に出ないとわかると、メールを一日に二百通以上送り付けたこともあった。

感情に任せて「死ね、ババア」など罵詈《ばり》雑言《ぞうごん》。そうかと思えば「許してください」といった謝罪のメールも送り付けた。

とにかく相手が根負けするのを待っていた。

■ミイラ

そんなある日、カウンセラーが大阪に来て、私と会うという。

ただ、彼女には以前からテレビに密着取材されていて、その日はカメラクルーも来るという。私は彼女に会えるのならどんな形でも問題なかった。それ以上にやっと会えることにホッとした気持ちだった。

しかし当日、カウンセラーは予定時刻になっても現れない。無視されているという焦りや怒りが溜まっていく。電話をしても通じない。

〈このまま来ないかもしれない……〉

不安な気持ちに押しつぶされそうだった。

そこにカウンセラーが到着した。

私はカウンセラーの顔を見た途端に、これまでの思いがあふれだした。

「どうして電話に出てくれないんですか！」

私は喚き散らしていた。

「予定が遅れたのは悪いけれど、このように怒鳴られたくない。私に対して酷いメールを送ってくるのを止めてもらうために来ただけで、会いたくて会ってるわけではないの！」

カウンセラーの信じられない言葉だった。

「なんでそんなこと言うんだ！　一生懸命やっているだけなのに」

「それは私と関係ないじゃない！」

「あなたはカウンセラーですよね。苦しんでいる人を助ける立場なのに、僕を切り捨てようとしている。そんなことしていいんですか。一生懸命に取り組もうとしているのに、どうして見捨てようとするんですか！」

「交わした約束を守れば、対応してますよ。カウンセラーだからって、どこまでも面倒見るわけではありません。約束が守れず、私を攻撃し続けるのであれば、いくらでも切り捨てます」

〈攻撃？　……本当に切り捨てられる〉

そう思った。すると弱気な気持ちが大きくなった。

「僕、怖いんです。このまま相手にされなくなるんじゃないかと思うと苦しいんです。気持ちが抑えられなくなるんです」

「見捨てられるのが怖いんですね」

「はい」

「私は約束を守れば対応すると言ってますよ」

「みんな僕のことを避けたいと思ってる」

「人を信じられないんですか？」

「不安になる」

気付けばカウンセリングを学ぶ先生と生徒といったような関係性ではなく、カウンセラーと相談者の関係性になっていた。

「あなたのこともっと聞いていいかしら」

「はい」

「まず大前提として、〝人はうそをついている〟と思ってるわけよね」

「そうですね、建て前と本音がある」

「人を信じてないんだよね、言葉通りに」

「社会の人が僕のことをよく思うはずがない。昔からそう見られてきました」

「理由を言ってください」

「昔、母親に言われたんですよ、『だめだ だめだ』って。『親戚中でお前が一番恥ずかしい』とか。寝てる最中に首しめたりとか、ほっぺた叩いたりとかね……」

私はカウンセラーの質問に答えながら、過去の話をした。

これまでに何人もの相手にストーカーをしてきたこと、母から受けた虐待、犬が餓死したことなど、幼少期のころの出来事を泣きながら話した。

私は自分の話を聞いてもらえたことに安心感を覚えた。わかってもらえた気がした。

そして私とカウンセラーは再び、週に一回の電話と一日二回のメールのやり取りの約束をして面談を終えた。

後日、彼女が密着取材されていたストーカーの特集が放送された。

私との場面も流れた。

〝もっとも危険なストーカーに会いに行く〟

私の顔にはモザイクが掛かり、仮名で取り上げられていた。カメラを気にすることもなく、喚き散らす私の姿が映っていた。

私は加害者の更生支援に取り組むために、カウンセリングを学んでいるつもりだった。しかしそこに映る姿は、以前の醜《みにく》い姿そのものだった。

突き付けられた自分の姿を信じたくはなかったし、信じられなかった。しかし、それが現実だった。

ミイラ取りを目指していたはずが、いつのまにかミイラとなっていた。

第五章●裏切りの警告

■口頭警告

大阪での面談以降、最初は自分をコントロールしていた。

しかし、「週に一回の電話と一日二回のメールのやり取り」という約束も、さりげなく一日三回メールを送ったり、しれっと週二回目の電話をかけたりと、少しずつその頻度を増やしていった。

結局はメールも電話も止まらなくなり、時折つながっては怒られるばかり。その場は必死で謝って許してもらうものの、数日もすれば再び電話とメールが止まらなくなった。

そんなことを繰り返しているうちに、ついに彼女の堪忍袋の緒が切れた。

「もう電話には出ません。これ以上続けたら警察に相談します」

その時は必死に謝ったものの、許しを得ることはできなかった。

私は許してもらいたい一心で、その後も電話をかけ続けた。メールも送り続けた。

〈そろそろつながってもいいはずだ〉

いつもなら根負けして反応してくれるはずが、一切つながることがなかった。

〈彼女は本当に私を見捨てたのかもしれない。どうしよう、どうしよう……〉

見捨てられる恐怖に支配される自分がいた。それとともに過去の自分と同じ心理状態になっていることにはっきりと気付いている自分もいた。

〈なんとかしないと本当にストーカーになってしまう〉

しかし、頭ではわかっていても、心と体はいうことを聞いてはくれない。彼女の声を少しでも聞きたくて、電話を手放せない。しかし電話に彼女は出ない。

絶望的な気持ちが襲った。

〈どうすればいい……〉

この苦しみから解放される方法を考えていた。

私は自分がカウンセラーとして加害者の更生支援をやろうと学んでいることを思い出した。

〈この苦しみを忘れさせてくれる更生施設がどこかにあるはずだ〉

もちろん彼女自身が更生支援をしているのだから、彼女からカウンセリングを受けられたらそれに越したことはない。しかしそれはできない話である。普通に話ができれば、施設ぐらい紹介してくれるかもしれないが、今となってはもう連絡はつかない。頼るべきところはどこにもなかった。

そして思った。

〈警察なら助けてくれるに違いない〉

彼女からはこれ以上続けたら警察に相談するとまで言われている。警察に自分から連絡するなんて本来はリスクしかない。すでに警察に相談されていたとしたら最悪逮捕されるかもしれないという恐れもある。しかし、ある思いが頭をよぎった。

〈自分から頼ってきた人間を警察がむげにするはずがない〉

犯罪にならないように自分から助けを求めるのだ。警察は力になるべきだという思いが不安に勝った。

私は藁《わら》にもすがる思いで大阪の地元警察署に電話した。

電話は担当部署に回された。

「相談したいことがあって電話したんですが」

「どうしました?」

「今、ある女性に対して自分がストーカーになってしまいそうで、苦しんでるんです。どこか更生施設や病院を紹介してもらえませんか」

「それは大変ですね。でも大丈夫ですよ。紹介できますから、安心してください。その前にどんな状況か詳しく教えてもらうことはできますか?」

その警察官は優しく声を掛けてくれた。私は自分の今の状況を話した。

「教えていただいてありがとうございます。ちなみに誰にストーカーしているのか教えてもらえませんか?」

「いや、それは言いたくありません」

私は誰に対してストーカー行為をしているのかだけは言わなかった。

「そんなに心配しなくても大丈夫ですよ。絶対に誰にも言いませんから。私を信用してください。それがわからないと紹介もできないんですよ」

私はその言葉を信じ、東京のカウンセラーであることを伝えた。

その警官は施設などの情報を調べて折り返し連絡すると言った。

私は住所や電話番号を伝え、警察署からの折り返しの電話を待った。

数時間後、電話が鳴った。

地元の警察署からではなく、警視庁からだった。

そして、カウンセラーに対する付きまといなどに対して、ストーカー規制法による口頭での警告が告げられた。

寝耳に水だった。

〈俺が自分で相談しただけのはず。それがどうしていきなり警告になるのか。あの警官、裏切りやがった！〉

それはつまり、地元警察から話が東京の警視庁に流れ、そこからカウンセラーのもとに話がいき、それを聞いたカウンセラーが警告を出してもらうように依頼したことになる。

〈自分から更生支援を受けるために相談したのに、人の気持ちを踏みにじりやがって！〉

私はすぐに最初に相談した警察署に電話をかけた。

「俺の電話を受けたやつを出せ！」

しかし、警察は誰が話を聞いたのかを一切教えてくれなかった。そして更生支援施設を教えてくれることもなく、門前払いの状態だった。

怒りは収まらなかったが、私にはそれ以上なす術《すべ》がなかった。さらに警告を出されている状態だと、彼女に電話もメールもできない。接触しようとすれば、即逮捕もありえる。すべての道をふさがれ、自暴自棄になってもおかしくない状況だった。

しかしそんなとき唯一の救いの手が差し伸べられた。

警視庁からカウンセラーの伝言が伝えられた。

それは、「更生支援施設でカウンセリングを受けるか、衝動性を低める治療ができる医療機関で治療を受けて、回復したという証明がもらえれば、また接触してもかまわない」というものだった。

つまり回復したというお墨付きがもらえれば、警告は解除され、再び彼女に会うことができるということだった。

私はその条件にすがった。彼女と接触できる道が開けた。

■更生支援施設へ

二〇一四（平成二六）年十月、私はその後に知った神奈川県にある更生支援施設に行くことに決めた。そこはさまざまな依存症やＤＶ加害者に対して更生プログラムを行っている施設だった。

当初は大阪から神奈川まで通っていたが、一日でも早くプログラムを終わらせたいという気持ちで、東京で住み込みの職を見つけて働き出した。

そして時間があれば一日に何度も講習に参加し、カウンセリングも受けた。

しかしその参加者の多くが、ＤＶ加害者や薬物依存者たちで、ストーカーとして参加しているのは私ひとりしかいなかった。自分のことを話すことに気が引けたし、話がかみ合うことがなかった。

〈これじゃあ、いつまでたっても回復なんてしない〉

しかし、回復したという証明をもらわなければ、前には進めない。

だから私は決めた。

〈ふりをするしかない〉

私の目的はストーカーから回復して彼女に会うことではなく、とにかくここでのプログラムを修了し、彼女と再び接触できるようにすることに切り替わった。

それからというもの、表向きは素直に講習やカウンセリングを受け、彼女に対する執着が徐々になくなっているかのように振る舞って見せた。

そして約半年後、プログラムを修了し、回復したというお墨付きをもらった。もちろん回復していないことは私自身がよくわかっていた。

ただ、彼女にも回復したふりをして、うまく距離を縮めていけばばれないだろうという思惑もあった。

そしてついにカウンセラーと会える日はやってきた。

気持ちの高ぶりを抑えて、彼女との対面を果たした。

「ご迷惑をお掛けしてしまい、大変申し訳ありませんでした」

私は深く頭を下げて謝罪した。

「わかりました。また以前のようなことがあったら、今度はすぐに警察に届けますから」

「ありがとうございます。もうストーカーはやりません。関係を迫るような変な気持ちもありません」

「当たり前でしょ。そんなこと考えたくもないわよ」

うそだった。

半年ぶりに顔を合わせて、気持ちは以前と全く変わっていないことを実感した。なんなら半年もの間、会いたい気持ちを抑えてきた分、より気持ちは傾いた。もっともっと近づきたかった。

ただうまくやらなくてはいけない。嫌われないように少しずつ。

「僕が言うのもなんですが、やっぱり加害者の更生支援はやりたいんです。また教えてください」

「必要があれば連絡してくれればいいわよ」

電話することを許してくれた。加えて月に一回の面会もできることになった。

私は再び彼女と接点を持てることになった。

〈嫌われないように、今度こそ慎重にやっていこう〉

決意を新たにした。

更生施設に行く必要もなくなった私は、もう東京にいる必要もなくなったが、住み込みの仕事を辞めずにそのまま生活を続けた。もちろん表向きの理由はすぐに辞められないということだったが、本音は彼女の近くにいたいから、それだけだった。

そして、しばらくの間はおとなしい関係でいられた。

しかし、うまくコントロールなどできるはずもなかった。

独りで東京にいても気になるのはカウンセラーのことばかり。暇さえあれば彼女のことばかり考えるようになっていた。

結局、大した用事もないのに、無理矢理に要件を考えて電話をし、メールを送った。元の木《もく》阿弥《あみ》だった。

カウンセラーも再び怪しく思ったに違いない。

「もうストーカーはやらないと言ったわよね！」

「すみません、そんなつもりは……」

度が過ぎそうになるたびに彼女から諭《さと》され、そこでいったん収まるといった繰り返しだった。

以前となにも変わっていないことは明白だった。

ただ数カ月の間は彼女と月に一度は会う機会が持てたし、なんとか均衡を保てていた。とはいっても、この間に送った「謝罪・誓約書」は三通に上った。いつ途切れてもおかしくない関係だった。

そして月に一度の面会の日、ぎりぎりのバランスでつながっていたその関係性は、ついに破綻した。

■絶縁

二〇一五（平成二七）年六月の面会日、私は約一カ月ぶりの面会に心躍らせていた。

約束の喫茶店には予定より早く着いた。私は席に座り彼女の到着を待った。

しばらくしてやってきた彼女は、かちっとしたスーツ姿でカウンセラーの雰囲気を漂わせていた。

「こんにちは」

そう言って向かいの席に彼女は座った。

私は、カウンセラーとして世の中からも認められ、いつも毅然とした態度でいる彼女のことを尊敬していた。そんな雲の上の憧れの人が目の前にいる。こんなどこの馬の骨ともわからない私と二人きりで。

私は誇らしい気持ちになった。

「こんにちは。今日はありがとうございます」

挨拶をすると、彼女は柔らかな笑顔で話しかけてくれた。

「最近はどう？　仕事は忙しいの？」

私は近況を話した。彼女は柔和な様子で話を聞いてくれた。ただ彼女のそれはカウンセラー的なかかわり方を感じさせるものだった。

私と彼女は、カウンセラーと相談者、もしくは先生と生徒のような関係でいることに物足りなさを感じていた。その関係性では彼女に従う自分でしかない。

できることなら対等な関係、さらにはそれ以上のより親しい関係を築きたいと思っていた。芯が通っていて威厳のあるカウンセラーとしての強い彼女だけでなく、普段の生活の中で見せるであろう強さも弱さもある女性としての彼女のことをもっと知りたかった。

だから当たり障りのない会話を続けていても満足できなくなる一方だった。

「もっと会ってもらうことはできませんか」

「どうして会わなくてはならないの」

「もっと話がしたいんです。もっとあなたのことを知りたいんです」

「なんのために？」

彼女から笑顔はなくなっていた。

「好きなんです。会えないのはさびしいんです」

彼女の表情が明らかに厳しく、きついものになった。スイッチが切り替わったようだった。

「またそんなこと言ってるんですか！　あなたとこれ以上深く関わる必要がどうしてあるんですか。結局なにも変わってないじゃない！」

「違います、違います。そうじゃないんです」

「なにが違うの。もう二度とあなたと会うことはしません」

そう言うと、彼女は席から立ち上がった。

とっさに私は謝った。

「ごめんなさい、そんなつもりじゃないんです。許してください」

いつもなら謝って反省すれば許してくれていた。しかし今回の彼女はそんなそぶりもなかった。

彼女は振り返ることもなく、その場を立ち去ってしまった。

〈ああ、もう二度と会えないかもしれない……〉

私は怖くてたまらなかった。

〈どうしよう、どうしよう……〉

体の奥からしびれているような感覚で、全身の力が入らなかった。

しばらく放心状態が続いたが、ここでじっとしているわけにはいかなかった。

〈このままじゃ、すべてが終わってしまう〉

私は店を飛び出すと、すぐに携帯に電話した。
もちろん彼女は出ない。何度もかけた。当然出ない。
メールも送った。
〝すみませんでした。許してください〟
〝変な意味はないんです。誤解です〟
〝一度でいいから、話を聞いてください〟
何通も何通も謝罪のメールを送った。
返信はなかった。
そこであきらめたらすべてが終わる。もう自分を抑えることはできなかった。
それから約一週間、昼夜を問わず何百回も電話をし、何百通もメールを送り続けた。
感情はもうぐちゃぐちゃだった。許しを得たい気持ちとつながらないことへの怒り。
〝お前のせいで俺は社会から抹殺されるんだ〟
〝お前なんかさっさと死ね〟
〝助けてください　見捨てないでください〟
〝ババア、電話に出ろ〟
〝ババア、覚悟を決めた　偽善者〟
〝お願い、苦しい、死にたい〟

〝俺はストーカー、自分を殺したい〟

〝わかったよ、無視かよ、死ねということか〟

〝○○さんと関われなかったら俺は終わる、それがストーカーじゃい〟

〝腹殴ってくれ、殺して〟

〝着信拒否しなさい、止まらない、一一九番して〟

〝貴様だけは許さん〟

〝犬を殺しそう、ヤバイ〟

〝おばはん、一生、恨んでやる〟

〝刑務所を出ても絶対につぶしてやりたい偽善者だ、お前は〟

〝俺と戦争だ〟

〝この死にぞこない〟

〝必ず、会いに行くからな、地の果てまでも〟

メールで謝罪と罵詈雑言を繰り返した。

しかし、どんなに繰り返しても連絡は一切つかなくなった。日常生活は破綻し、仕事もまともに手につかない。

〈もう会いに行くしかない〉

私は決意した。

〈直接会ってわかってもらうしかない〉

■待ち伏せ

二〇一五（平成二七）年七月初旬、私はカウンセラーが事務所を開いているマンションに向かっていた。事務所は以前から何度か来たことのある場所。道に迷うこともない。

そして、マンション前の道を挟んだはす向かいにはコンビニがある。そこで待ち構えてやろうと思った。直接事務所に行けば会えるかもしれないが、ほかのスタッフがいるかもしれない。そうすれば会うこともできないまま捕まってしまう可能性もある。

そんなリスクを冒すよりも、本人を確認し、直接声を掛けるのが、会って話をするための最も確実な方法だ。

昼前、私はそのコンビニにいた。思っていた通り、コンビニからはマンションへの人の流れがよくわかる。

私はまず菓子パンと缶コーヒー、タバコ二箱を買った。コンビニ前の歩道には花壇があり、そこにひとまず腰を下ろした。

〈会えたら何から話そうか〉

頭の中はカウンセラーのことでいっぱいだ。彼女と話をする姿が目に浮かぶ。

〈礼儀には厳しい人だから、まずは謝ることからだな〉

缶コーヒーを一口飲み、パンを食べた。マンション周辺の人の流れからは目を離すことはしなかった。

パンを食べ終え、缶コーヒーも飲み干したが、カウンセラーを見掛けることはなかった。

〈早く出てこい〉

私はタバコに火をつけた。もうすぐ会えるだろうと思うと、タバコがうまい。立て続けにタバコを吸った。

そのまましばらくは「あれか⁉」「あの人か⁉」とマンションに向かう人、出てくる人を見つめているが、本人の姿は見つけられない。

すると、だんだん不安にもなってくる。

〈今日はいないのか？〉

そう思うたびに、タバコに火をつけ、気持ちを落ち着けた。

〈何日でも、何時間でも待ってやる〉

そう心に誓うが、少しすれば再び訪れる不安。その繰り返しで時間は過ぎていく。

時折、コンビニから店員が出てきて、こちらの様子を気にしているようだが、ここは歩道の花壇。コンビニの敷地にいるわけでもない。文句を言われる筋合いはない。

犬の散歩で目の前を通る人も何人もいた。犬が近づいて来ようとすると、リードを引いて止める飼い主。怪訝そうな顔で目の前を足早に過ぎていく。

気付けばコーヒーの空き缶は吸い殻でいっぱいになっていた。腕の時計を見ると、すでに三時間ここにいる。

来た時は、もうすぐ会えるという期待でいっぱいだったのが、気付けばイライラが募るばかりだ。

〈いい加減、出て来いよ〉

そう思い、タバコに火をつけた時だった。

コンビニ前を十数メートルほどマンション方面に向かったところにある路地から、一人の女性が不意に出てきた。瞬間的に彼女だとわかった。

〈いた！〉

彼女は目の前の道路を渡るため、横断歩道の信号が青になるのを待っている。

姿を見つけた喜びと追いかけなくてはという思いがあふれる。私はすぐさま吸い殻であふれた空き缶でタバコの火を消した。

信号は青に変わり、カウンセラーはマンションに向かって歩いている。私ははやる気持ちを抑えながら少しずつ距離を詰め、横断歩道を渡ったところで声を掛けた。できる限り明るく、自然に。

「○○さん、○○さん」

彼女は振り向いて私の顔を見た。一瞬で引きつった表情に変わり、叫んだ。

「来ないで！　来ないで！」

そしてマンションのエントランスに駆け込んでいった。

私はあわてて彼女に駆け寄った。

「すみません！　すみません！　謝りに来ただけなんです！」

「来ないで！」

そう言って、後ずさる彼女。

「逃げないで、違うんです。本当にすみません！」

私はその場に土下座した。

彼女は言った。

「警察に通報します」

私は土下座したまま謝り続けた。

彼女は携帯から警察に通報すると、パトカーと覆面パトカー五、六台があっという間に駆けつけ、私を取り囲んだ。

「違うんです、違うんです。ただ謝りに来ただけなんだ」

警察官にも叫んだ。

「わかったから。まずは警察署で話を聞くから」

警察官は私をパトカーに乗せると、警察署へと連行した。

■書面警告

警察署に連行された私は、そのまま取り調べを受けた。

容疑は住居不法侵入だった。しかし、マンションエントランスが不特定多数の人が出入りできる場所ということで、適用されることはなかった。

そして、ストーカー規制法に基づいての口頭警告を受け、その日はそのまま家に帰された。

翌日に警察署から電話があり、書面での警告を出すということで出頭を命じられた。

警察署に行くと、何人もの警察官がずらりと並んだ部屋に通された。威圧感のある空間で書面は読みあげられ、手渡された。

カウンセラーとの接触の道は完全に閉ざされてしまった。

〈俺はこれからどうすればいいんだろう〉

私は彼女に会いたい気持ちと、もう会えないかもしれないという思いで自分がどうにかなってしまいそうだった。

そして会えないこと、会ってはいけないことはわかりつつも、彼女のいるマンション前まで行ってみた。

しかし、先日訪れた時には自由に出入りできる雰囲気だったエントランスは、入り口の扉が閉じられていて、簡単に入れない雰囲気に変わっていた。

どうすることもできないむなしさでいっぱいになった。

それでもあきらめきれずに、その後も何度かマンション前まで足を運んだ。

もちろん彼女に会うわけにも、見つかるわけにもいかない。彼女がいるであろう場所の様子をこそこそと眺めては何もできずに引き返してくることしかできない。

ただ、家で悶々と考えているよりも、マンション前までいくだけで幾分か気持ちは楽になった。しかし彼女のいるだろうマンションを離れ、家に帰るとどうすることもできない絶望感にさいなまれるのがオチだった。

〈自分がどうにかなってしまいそうだ〉

もう毎日が苦しみに満ちていた。まともに働くこともできず、仕事もクビになった。住み込みで働いている以上、当然住む場所もなくなった。

私が身を寄せることができる場所は、妻のいる大阪しかない。

後ろ髪を引かれる思いはあったが、いったん荷物をまとめ、大阪に帰ることにした。

第六章●粘着

■〝希望〟

大阪に帰っても、カウンセラーと再び会うための方法ばかり考えていた。大阪には妻もいたが、そんなことはどうでもよかった。

とにかくカウンセラーとつながるための希望は捨ててはいなかった。

〈必ず何かあるはず……〉

私は部屋に閉じこもり、インターネットで何かないかと探し続けていた。

インターネットで検索すればさまざまな情報が手に入る。携帯電話やメールを使えばいつでも連絡することもできる。もちろん警告を受けている以上、直接連絡することはできないのだが……。

ただ、彼女の場合にはカウンセラーという立場で啓蒙活動なども行っている。インターネットを探せばいろいろな情報に接することができた。メディアで取り上げられることもあり、そうした情報は比較的簡単に見つかった。

昔はこうはいかなかった。

インターネット、携帯電話やメールなどもなかった時代、相手の情報を得ることはとても難しかった。直接会うか、知り合いに聞くか、手紙を書くか、その程度しか相手との接点を結ぶ方法はなかった。

距離が離れることは、相手との関係も疎遠になるのが必然だった。

実際に過去のストーカー行為においては、距離が歯止めとなっていたことは間違いなかった。

相手から遠く離れれば自然と気持ちが落ち着いていくことは感覚的にわかっていた。

しかし、今は違う。距離が離れることで気持ちが離れるわけではない。

インターネットを検索していると、見慣れた記事や写真は増えていく。しかし探せば探すほど、知らない記事も見つかった。

〈彼女のことはなんでも知りたい〉

インターネットを離れることができなかった。

情報が簡単に手に入ることによって、彼女への思いは増幅されるばかりだった。

〈会いたい……、苦しい……〉

彼女に会いたい気持ち、どうすることもできないつらさが、波のように押し寄せてきた。

外に働きに出ることなどできなくなった。

当然、生活もままならない状態になった。

私は生活保護を申請した。

その後も彼女のことを調べるだけの生活が続いた。調べれば調べるほどに、会えない苦しみはどんどん募っていく。

というのも、どんなに調べても、彼女のプライベートはなにも知ることができないからだ。

カウンセラーとしての活動については細かく把握できるものの本当に知りたいことはなにもわからなかった。

〈会って話ができない限り、先には進めない〉

そんな気持ちが強くなった。

そして彼女の活動に関する記事を見るうちに、自分にできるたった一つの方法を思いついた。

精神科病院への入院だ。

彼女は事あるごとに言っていた。重篤《じゅうとく》なストーカー加害者にはカウンセリングは効果がない、専門の治療で接近欲求を落とさない限り何度でも繰り返す、と。カウンセリングで思考に働きかけても欲求が止まらず衝動性が強すぎる危険な加害者に対しては、入院による専門治療を受けさせる道を切り開いているのだ。

私も一度は通所型の更生支援施設に入った。実際に回復することはなかったが、更生プログラムを終えた私に彼女は会ってくれた。そして一度は警告を解除してくれた。

今は再び警告を受けてしまったが、精神科病院に入院すれば回復できるに違いない。

〈しっかりと治療を受けて回復すれば、再び会ってくれるはずだ〉

〝希望〟が見えた。

私の気持ちは急に前向きになった。

そして千葉にある精神科病院に早速電話した。その病院とカウンセラーがつながっていることを知っていたからだ。そこに入院すれば、話が伝わるんじゃないかという期待があった。〈努力している僕を知ってもらえるはず〉私から彼女に連絡できない以上、私の努力を伝える方法はそれしかなかった。

病院は私を受け入れてくれることになった。

二〇一五（平成二七）年八月十日の深夜、私は大阪から東京に向かう夜行バスに乗った。東京には早朝に着いた。朝から蒸し暑くて不快ではあったけれど、病院に向かう気持ちは晴れやかなものだった。

電車を乗り継ぎ、昼過ぎには病院に到着。入院手続きをした。

■「二度と会いたくない」

入院生活が始まった。

私は自分のストーカー気質については、過去の自分の行動からわかっていた。ストーカーという言葉が世の中で使われるようになって、私自身もストーカーだったと自覚していた。ただ、そうした気質は過去のものであって、まさか再びそうした気持ちになってしまうとは思ってもみなかった。誰かに好意を抱き、深入りして苦しむようなことはもう二度としないとさえ思ってきたのだから。

だからこそ、初めてカウンセラーの記事を見た時に強く感銘を受けた。加害者がどうしてストーカーをやめられないのか、痛いほどわかった。

〈加害者だって苦しんでるんだよ〉

私は自分の過去の経験を生かして加害者支援のお手伝いをしたい、そしてできる、と純粋に考えていた。それがストーカー犯罪の抑止につながっていくと確信もしていた。

それなのに再び私はストーカーと化している。今、苦しくて苦しくてしょうがない。過去のものと思っていたはずの苦悩が再びやってきている。

接触する道が完全に閉ざされたという苦悩。再びこうなってしまった自分に対しての苦悩。

〈この苦しみから解放されたい〉

そして私は精神科病院への入院を選んだ。

私は前向きな気持ちでこの病院へと足を踏み入れた。

主治医と対面した時、私は自分の過去や現在のことを隠すことなく話した。カウンセラーに対する気持ちも話した。

「会えないと思うと苦しくてどうしようもなくなるんです。僕はこうなってしまう自分を治したい。先生、助けてください」

「大丈夫ですよ。治療をしっかり受ければ、治りますから」

「僕は彼女の活動に感銘を受けたし、尊敬しています。今の自分を治して、彼女に謝りたいと思っているんです」

それを聞いた主治医は言った。

「そうですか。でも彼女は『もう二度とあなたに会いたくない』と言っていましたよ」

「え⁉」

「だから、彼女はもう二度とあなたと会うつもりはないんですよ」

衝撃的だった。

〈医者が患者に向かってなにを言っているんだ！〉

〈どうして俺を苦しめるんだ！〉

奈落の底に突き落とされた気分だった。

〈本当にもう二度と会えないとしたら……〉

そう考えるだけで、怖くなった。絶望感が襲ってきた。

〈こんなところにいていいのだろうか……〉

前向きだった気持ちは、後ろ向きな気持ちへと切り替わり、不信感が生まれていた。


それでも治療は始まった。

そこで行われる治療は条件反射制御法と呼ばれるものだった。アルコール依存や薬物依存、ギャンブル依存など幅広い依存症治療のプログラムとして用いられていて、ストーカー行為に対しても応用されている。

私はそのプログラムに取り組みはじめたものの、効果があるようには思えなかった。

実際に苦しみはなくならないし、発作のようにカウンセラーに会いたい気持ちが襲ってきた。

私は苦しみに耐えられず、主治医に聞いた。

「全然楽にならないんです。もっとほかにできることはありませんか？」

「ちゃんと言われたことができてないからでしょ」

「いいえ、やってます。でも苦しいままなんです。どうしたらいいですか」

「はいはい、わかった、わかった。とにかく続けて」

私が苦しみを訴えようとも、決して真剣に話を聞いてくれることはなかった。言われたことをただやれという姿勢に耐えられなかった。

〈もうこんなところは出たい。良くなるわけがない〉

私は退院したいという意思を主治医に伝えた。

しかし主治医は退院を認めてはくれなかった。

私は納得がいかず、暴れて食い下がったが、独居の部屋に隔離された。

気持ちは収まらず、ずっと喚き散らしていた。

そんな私に主治医は言った。

「ずっとそうしていてかまわないけど、そんな態度でいたら、いつまでたってもこのままだよ」

私はストーカーとして治療を受けている。そこは確かに問題があるのだろう。しかしその点を除いて人間性を否定される覚えはない。喜怒哀楽もある。こちらの話に一切耳を傾けず、すべて無視されることは屈辱的でもあった。

しかし泣こうが喚こうが、ここではなにも受け入れてはくれない。

無力感しかなかった。暴れる気力も失った。

私はおとなしくしていることを受け入れた。

隔離部屋から出されて、ほかの患者と話をすると言われた。

「早く退院したいなら、黙って従っておくことだよ」

私の中に抵抗する気力はもうなかった。

もともと、ここでの治療は順調に進めば三カ月で退院できる。

〈治ったように見せかけて退院するしかない〉

以前受けた更生支援プログラムの時と同じ気持ちを思い出した。三カ月耐えることを決めた。

それからは主治医や看護師の言うことにできる限り逆らうことなく、従順なふりをして、治療プログラムを受けた。

もちろん治療を信じてなどいなかったし、治療を通して何かが変わっている感覚もなかった。

ただ、そうは言っても心のどこかで効果が生まれてほしいという願望はあった。この状態であっても三カ月耐え続けたとしたら、もしかしたらどこかの瞬間で変化があるのかもしれないという思いもあった。

どちらであるにせよ、とにかく三カ月で退院したいという考えは変わらない。

〈とにかく三カ月の我慢……〉

退院することだけに集中した。

治療のプログラムも深く考えることなくただただ受け入れた。当然のように、会いたい気持ちがなくなることはなかった。とはいえ、その気持ちを素直に伝えていては、いつまでも退院することはできない。

日々記入していた観察票には、突然回復したように記入してもうそだとばれてしまうため、最初のころは苦しさを強調し、少しずつ気持ちが楽になってきたように書き込んでいった。

私は毎日カレンダーの日付けを消して「退院まであと何日」と数えながら、日々を耐えていた。

二〇一五（平成二七）年十一月、ついにその日はやってきた。晴れて退院が決まったのだ。

三カ月もの間、外部と遮断され、限られた情報の中にいたこともあって、禁断症状が出るほどまでの気持ちの変化は起こらなくなっていた。外見上は平静な様子を保てるようにはなっていた。

だからといって自分の中で劇的な変化があったわけではない。もちろん主治医の判断があって退院が決定されたのだが、私自身は回復したわけではないことははっきりわかっていた。

退院間近のことだった。看護学生が研修のため病院に来ていた。そこで患者として学生の前で治療について話すことを頼まれた。その場にはさまざまな依存症患者が呼ばれ、私はストーカー患者として参加した。

私はどんな治療を受け、どのように回復してきたかを語った。といってもそれは当然本当のことではない。受けた治療の説明は本当であっても、実際の結果は何も変わっていない。

〈本当に治っているのかは、本人にしかわからない〉

これが精神医療の現実なんだと思った。

結局、回復していないことを見抜かれることもなく、退院の日を迎えた。

〈こんなところから抜け出せてよかった〉

そのことがただただうれしかった。

病院を退院したあとは、治療効果を持続させるために、提携している地域の医療機関に通院しなければならないことになっていた。精神医療に対しての信用はなかったが、しょうがなく大阪の精神科病院である汐《しお》の宮《みや》温泉病院（現在は結《ゆい》のぞみ病院）へと通院手続きのため足を運んだ。

そこで出会ったのが、中元総一郎《なかもとそういちろう》医師だった。

私は初めて会った中元医師に対して言った。

「会話をすべて録音させてもらいますが、いいですか」

「どうぞ」

中元医師は了承した。

私は医師の言葉を一切信用するつもりはなかった。会話を録音しておくことで、いざというとき精神医療の闇を暴いてやろうとさえ思っていた。

〈こんなところに通っても、どうせ無駄だ〉

結局、数回通っただけで、通院するのをやめた。

■殺そうと思った

私自身、ストーカー気質が治っていないことは自覚していた。

しかし、三カ月の間、世の中から離れた生活をしてきたことで、カウンセラーに対する気持ち的には落ち着いていた。時折苦しくもなったが、四六時中続くものでもなく、このままいけば、自然と忘れていけるのかもしれないという思いもあった。

しかし不安になることもあった。

〈もし思いがぶり返してきたら、どうすればいいのか〉

入院しても回復しないとしたら、頼れる場所がなくなってしまうことになる。

私は精神医療をもっと変えていくべきだという思いを強くしていた。

〈患者を黙らせて、従わせる医療では根本的にだめだ。もっと加害者に寄り添い、本当の意味での回復につなげなくてはいけない〉

私は耐えて退院したが、「おとなしく言うことを聞いて早く退院するほうがいいよ」という患者は何人もいた。つまりそうして退院していく人がほかにもいるということなのだ。

そして私は「加害者の更生支援のための活動をしなくてはいけない」という気持ちを強くした。

といっても、私は回復したわけではない。いまだに苦しみは残っている。

この矛盾した思いの中で、生活を続けていた。

そんな時だった。たまたま電源を入れたテレビに、カウンセラーが出演していた。

それを目にした瞬間、猛烈に彼女に対する思いが込み上げてきた。体の奥から抑え込まれていた感情が湧き上がってくる。どうすることもできないもだえるような苦しさ。

テレビに映るカウンセラーとしての彼女。それに対してストーカーとして苦しむ自分。この大きなギャップが耐えられない。

数カ月前までは彼女と話をし、自分も加害者の更生支援に取り組もうとしていた。にもかかわらず、今では会うことも話すこともできない。連絡先も、居場所もわかるのに、手の届かない存在になってしまった。

会いたい気持ち、話したい気持ちが抑えられなくなった。

〈誰か助けて……〉

不安が現実となった。もう相談できるところはない。

条件反射制御法の治療プログラムで習った発作的衝動を抑えるためのアクションも何度もやった。しかし、思いは消えない。

私は苦しみから解放されたいという一心で、入院していた病院に電話した。信用してはいなかったが、それしか方法は思いつかなかった。

主治医と電話がつながった。

「先生、どうしようもなく苦しいんです。アクションを繰り返しても収まりません」

先生は私に言った。

「条件反射制御法が効かない？　それなら、もっともっと苦しめばいいんだ」

耳を疑った。

「本当に苦しいんです。どうにかならないでしょうか」

「この条件反射制御法が効かないんだから、もう二度と電話はしてこないで」

私は言葉を失った。そんな言葉を浴びせられるとは思ってもいなかった。

〈こんなのは治療じゃない〉

私は怒りと苦しみで押しつぶされそうだった。

「もしそれが嫌だというなら、条件反射制御法が自分の嗜癖《しへき》行動にどのように作用するのか、レポートにまとめてメールで送ってください」

もう医師の言葉など耳に入ってこなかった。相談したことを後悔した。医者はもともと信用できなかったが、嫌でもここにすがるしかなかった。にもかかわらず、その気持ちもすべてが打ち砕かれてしまった。

私は電話を切った。

そして、本当に相談できる場所がなくなってしまった。

それでもなんとかこの苦しみから逃れられないかという思いから、DV、アルコール、薬物、ギャンブル依存などの依存症の更生支援をしている団体をインターネットで探し、片っ端から電話をかけた。

しかしストーカーを受け入れてくれる団体は見つからない。性犯罪やストーカーに関しては受け入れ施設がほとんどないのが現状だった。

検討してくれる施設もなかったわけではないが、返ってくる答えはいつも決まっていた。

「私たちのところには女性もいるから無理」

「ストーカーや性犯罪者については近隣住民の理解が得られない」

どこもストーカー加害者に対しては冷たかった。

結局受け入れてくれる施設は見つけられなかった。

そうした中でも、いくつかの施設からは、私がストーカーをしたカウンセラーのいる団体への相談を勧めてくれた。

〈それができたらどんなにいいか……〉

彼女に相談できるなら、こんな苦しみは存在しない。

彼女のいる団体を勧められるたびに、もう本当に彼女につながる道が閉ざされるという恐怖感に取りつかれた。

〈会いたい、会いたい、会いたい……〉

〈会えない、会えない、会えない……〉

〈苦しい、苦しい、苦しい、苦しい、苦しい、苦しい……〉

〈助けて、お願い、助けて……〉

布団の中で頭を抱えてのたうち回り、うめき声をあげた。

「あああああああーー」

〈あれもだめ、これもだめ、もうどこにも道なんかないじゃないか〉

絶望が私を支配した時だった。

〈もう無理矢理に治す必要もないか……〉

そう思うと、ふと体の力が抜けた。

そしてこの苦しみから永遠に解放される道が一つだけあることに気付いた。

〈自分だけのものにして楽になろう〉

私は思った。

〈殺そう〉

■地獄の苦しみ

彼女を殺してしまうこと、それは私の苦しみを取り除く、一番手っ取り早い方法になった。殺すことは決して失うことではない。

もちろん殺してしまうことで、もう会うことも、話すこともできなくなることは理解している。会って、話して、より親密な関係になることは理想ではあるけれど、現実としてそれは不可能に近い。

それならいっそのこといなくなってくれたほうがいい。この世からいなくなってくれたら、もう誰からも奪われることがない。探す必要も、心配する必要も、会いに行く必要もない。私の手中に収めることができるのだ。彼女は私の心の内側に居続けるのだから。

私は思い出の中の彼女でも十分だった。もう苦しむ必要もないのだ。

そして、もし自分の手を下さなくても済むのなら交通事故でもかまわない。とにかくだれも手の届かない場所に行ってくれれば、私は苦しみから解放される。

そんな気持ちだった。

とはいえ、それを行動に移すことはできなかった。衝動的に思いはしたが、その衝動を持続させるのは簡単ではなかった。

今まさに目の前に彼女がいたら、実行してしまったかもしれない。

しかし現実問題として、彼女に接触するためには、まずは東京まで行かなくてはいけない。それからどうやって彼女と確実に接触を持つのか。連絡をすれば、逮捕される可能性もある。そんな綿密な計画を立てて冷静に殺すことなどできない。

〈本当に殺すしかないのか〉

結局、私はパソコンに向かっていた。

〈苦しさから逃れる方法は見つけた。もう少しだけ、回復する方法を探そう〉

最後の手段を見つけたことで、絶望からほんの少しだけ解放された気がした。

私に残された道は、回復するか、殺すか、その二択になった。

とはいえ、回復する道は閉ざされているに等しい。

私にはもう逃げ場がどこにもない。

この難題を解決するしかない。

しかし、彼女に会いに行くこともできない。

連絡することも許されない。

治療しても治らない。

受け入れてくれる施設もない。

警察も、病院も、施設も、カウンセラーも、すべての窓口は閉ざされている。

相談できる人ももういない。

占いにも行った。しかしいい答えなどもらえるはずもない。

八方ふさがりでは足りない。十方ふさがりだ。

まさに地獄。

何もできないと思えば思うほど、彼女への気持ちは高まっていくばかりだった。

いつこの苦しみに耐えられなくなるかはわからない。だから四六時中、ストーカーから回復する方法はないかと、インターネットや本、さまざまな団体など、血眼になって探した。

しかし、会いたい気持ちはしばしば抑えられなくもなった。

「もう行くしかない」

何度も家を出ようとした。

「行っちゃだめ！」

そのたびに妻が私の腕をつかんで離さなかった。

私は部屋にもどるとのたうち回った。自暴自棄にもなった。

〈俺はこれだけ苦しんでるんだ。悪人なんだ〉

そう思いながら、病気で苦しんでいる飼い犬を外に放り出したりもした。

「なにするの！」

妻は叫んだ。

私は我に返り、謝りながら犬を部屋に戻した。

〈あいつと同じことをしてるじゃないか〉

思い出したくもない母親のことがよみがえった。自分に対する嫌悪感も募った。

しかし自分をコントロールすることができない。どうにでもなれという気持ちが発作のように襲ってくる。自分の行動が自分でもわからないし、突飛な行動につながった。

それでもまだ「なにかないか、なにかないか」と探していたことが、自分を踏みとどめることにつながった。

〈できることならもう関心をなくして、楽になりたい〉

そう思う反面、心の奥底には関心を失いたくないという思いがへばりついていた。

〈もし関心を失ってしまったら、自分はどうなってしまうのだろう〉

考えるだけで怖かった。関心を失うことはつまり、自分がもっとも大事にしてきたことをすっぽりと失くしてしまうようなものだ。心のど真ん中に大きな穴があいてしまったらもう埋めることなんてできない。

〈助けてほしい〉

カウンセラーにすがりたかった。伝えたかった。

〈俺、ちゃんと入院したよ。俺を見てよ〉

思いが募れば、会いたい気持ちも抑えられなくなる。

〈話せばわかってもらえるかもしれない〉

心の中だけで抑えきれなくなり、体はうずき出す。

堂々巡りだった。

そんな状態でもし会いに行って拒否されたとしたら、凶行におよぶ可能性は高い。

限界は近かった。

私は、一瞬でも苦しみから解放される可能性を求めて、本来なら通院していたはずの地元の精神科病院の中元医師に電話した。

不信感をむき出しにし、自分から通院を打ち切ったにもかかわらず、自分から連絡を入れることは、恥ずかしさしかなかった。当然受け入れてくれないだろうと思っていた。

しかし、中元医師は私の話を聞いてくれた。

「それほど苦しんでいるのなら、年明けの一月からなら入院を受け入れられますよ」

まだいける場所があると思うと、救われた気がした。

とはいえ、信用するつもりは一切なかった。信用してはいけないと思っていた。

〈入院したところで本当に苦しみがなくなるわけじゃない……。結局、苦しみをごまかすだけなのだから……〉

ひとまずは一時しのぎの場は見つかったけれど、苦しみから逃れられるとは全く思えなかった。

■変化

二〇一五（平成二七）年十二月、精神科病院への入院受け入れは決まったけれど、まさに今の苦しみが解消されたわけではなかった。入院まではまだ一カ月近くもある。自分から連絡はしたものの、あれほど気持ちを踏みにじられた精神科病院に再び入院するのは屈辱的でもあった。

〈入院なんてしたくない……〉

私は毎日インターネットで苦しみから逃れる方法を探し続けていた。

どうしてこんな気持ちになってしまうのか、その心理について知ることができれば、なにか解決策を見つけ出せるかもしれないと思っていた。

そんなとき、ふと目に留まった本があった。

『マンガで分かる心療内科　アドラー心理学編』（原作・ゆうきゆう、作画・ソウ／少年画報社刊）というコミックだった。

マンガで読めるという気軽さだけで、とりあえず取り寄せてみた。

実際のところ、アドラー心理学がどんな心理学なのかも知らなかった。適当に見つけた本ではあるけれど、何もしないよりもマシだった。

コミックが家に届き、早速読んでみた。

そしてその中でアドラー心理学の「目的論」について描かれている部分を読んでいる時、ふと疑問が脳裏に浮かんだ。

〈彼女はどうして私を拒み続けるのか〉

彼女は私が関係を近づけようとするたびに、私のことを拒んできた。

それはツーショットの写真を頼んだときから始まった。私は新聞記者から頼まれたことを伝えただけだったが、彼女はひどく怒って私を遠ざけようとした。その後もそうだ。事あるごとに私に対して怒りの感情を向け、突き放そうとしてきた。

どうして拒絶しようとするのか、私にはわからなかった。

ところが「目的論」に当てはめて考えた瞬間だった。

パッと目の前の霧が晴れて、まばゆいばかりの太陽の光がさんさんと降り注いでくる感覚が私を包んだ。

〈彼女は私を受け入れないことが目的だったんだ！〉

アドラー心理学の目的論とは、「人は行動を起こすにあたっての目的があり、それをもとに現状を作り出している」という考え方。

つまり、彼女にとっての目的は私との関係を築かないこと。そのために彼女はどんな些細な事でも、私の気に入らない部分を見つけては拒否してくる。

たとえ私がどんなに反省して、努力をしても、結局最後は私を拒否するのだ。何をやっても意味がないのだ。最初から彼女は私を受け入れる気なんてなかったのだから。

〈どうして俺はこんなことに労力を割き続けているんだろう。どれだけ追いかけても無駄じゃないか〉

彼女への自分自身の行動が滑稽にも思えた。執着し続けていることが、あほらしく思えた。うそのように苦しみが消えた。

まさかこれほどもがき苦しんでいたのに、こんなに簡単に苦しみから解放されるとは思ってもみなかった。

「なんでこんなにくだらないことをしていたんだろう」

気付くと私はコミック片手に、笑い声を上げていた。

「仕事も探さないと」

私は早速入院を取りやめた。

不思議と日常生活を取り戻そうという前向きな気持ちがあふれ、晴れやかな気持ちに満たされていた。

第七章●実名、顔出し、そして

■私の役目

二〇一五（平成二七）年一二月、五十歳でコミックに出合ってからというもの、自分自身でも信じられないほど心境は変化した。そこからの行動は早かった。

「殺そう」と思うほどにカウンセラーに執着していた自分が、まるで別の自分だったようにも感じられた。

私は気持ちを切り替え、まずは職探しをスタートさせた。とにかく働きたい気持ちでいっぱいだった。

仕事はすぐに見つかった。過去の経験を生かせるタクシードライバー。年が明けた二〇一六（平成二八）年一月から働き始めた。三月には生活保護からも抜け出すことができた。

その一方で、どうしてもやらなくてはいけないことがあった。

ストーカー加害者の更生支援だ。

〈私がやらなきゃいけない〉

その思いだけは揺らいではいなかったし、より強固なものになっていた。

私はもともとカウンセラーが言っていた「被害者の救出のためには加害者の更生支援が必要」という話に感銘を受けた。自分がストーカーだった過去もあったし、その意味が痛いほどわかったからだ。

しかし、その過程で、私自身が再びストーカーになってしまった。自分自身のことをわかっているにもかかわらず、コントロールできない状態は苦しさしかなかった。さらに、ストーカー加害者の力になってくれる人や、援助してくれる場所はないに等しいこともわかった。

〈今のままではストーカーはいなくならないし、また大きな事件は起こる〉

私は早速準備に取り掛かった。

更生支援活動を始めるといっても、今さら相談できるところもない。

私はたった一人で任意団体「ストーカー・リカバリー・サポート」を立ち上げた。その窓口としてホームページの制作をはじめ、四月にはサイトをオープンさせた。

コンセプトにしたのは元ストーカーによるストーカー加害者の更生支援。顔写真や実名を出し、私自身がストーカーだったことも明かしたうえで、二十四時間受け付ける電話相談からスタートさせた。

しかし、当然といえば当然ではあるが、ホームページを立ち上げたからといって連絡がすぐに来ることはなかった。

たまに連絡が来たかと思えば、冷やかしのようなものばかり。更生支援には程遠い状況だった。

そんななか、二〇一六（平成二八）年五月、東京の小金井《こがねい》市でストーカー殺人未遂事件が起きた。

この事件はシンガーソングライターや俳優として当時芸能活動を行っていた女性に対して、ファンを自称する男性がＳＮＳなどを通してストーカー行為を繰り返した末に、ライブハウスで待ち伏せ、女性をナイフで刺殺しようとした事件だった。犯人は駆け付けた警察官によってその場で逮捕された。

しかし女性は二十カ所以上刺され、一時は心肺停止状態となり、その後も長い期間意識不明の状態が続いた。翌月になんとか意識を取り戻して一命は取り留めたが、大きな後遺症を残す事件となった。

連日、報道で取り上げられ、世間のストーカー犯罪に対しての関心度は高まりをみせた。ニュースなどで事件の詳細が報道されるたびに、ストーカー行為に対する厳罰を求める声も大きくなっていた。

そうした事件報道が繰り返されている最中、私は一本の電話を受けた。

「助けてください」

それは、まさにストーカー行為をしているという加害男性からだった。連日の報道を見て、「自分も同じことをしてしまうのではないか」という思いにさいなまれているという。

彼は自分自身がストーカーであることを自覚していたため、その行為をやめたいと真剣に考えていた。そこに連日の事件報道。犯人の行為が卑劣だと思う反面、どこか自分と共通する部分があると感じられたため、自分が抑えられなくなる不安でいっぱいになっていた。

彼は自分自身がコントロールできなくなることを恐れ、いくつかの依存症の更生支援施設に問い合わせをしていた。しかし、どの施設も受け入れてくれることはなかった。

行き場を失い、途方に暮れている中で、たまたま立ち上がったばかりの私のホームページを見つけて、電話をかけてきた。

私は彼の苦しみが痛いほどわかった。

「苦しいよな。よくわかるよ」

私が声を掛けると、彼は泣きながら苦しみを吐き出した。

私は彼の気持ちが収まるまでひとしきり聞いた。そして私自身も元加害者であり、同じように受け入れてくれるところもなく、苦しみを味わってきたことを話した。

共感できる部分があることは大きい。私の話を聞いた彼は、落ち着きを取り戻した。

「わかってくれる人がいてよかった」

彼は言った。

私が加害者にできること、それは自分の過去を話すこと、そして加害者の気持ちに寄り添い、ひたすら話を聞くこと、それだけしかない。

私は二十四時間いつでも話を聞くこと、さらに今後の更生支援もすることを約束して電話を切った。

■自分を晒す覚悟

ストーカー事件が起こることで、加害者からの問い合わせは自然と増えてくる。それとともに増えたのが、テレビや新聞などのメディアからの取材依頼や出演依頼だ。元加害者という立場からの意見や自身の過去について語ってほしいという依頼が多く寄せられるようになった。

もちろん私はどのような依頼でも断ることはせずに対応した。

しかし、私を取り上げる場合、どのメディアも実名、顔出しはNGで、すべて匿名。テレビの場合には顔にモザイクがかけられた。

加害者側の立場からの意見や経験などを紹介したいというメディアに対して、実名、顔出しで語りたいと言っても、どのメディアも応じてくれることはなかった。

加害者を取り上げたり、出演させたりすることで、ストーカー被害者を傷つけることになるかもしれないという点が一番の理由だった。

しかしメディアの本音は、視聴者から批判を受けたくないということだろう。腫れ物には触りたくないのだ。

私自身、元ストーカーとして活動を始めて以来、犯罪者に対して厳罰を求め、表立って出てくることを許さない空気は感じていた。

元加害者として求められていたのは、リアルなストーカーの実例であり、「ストーカーはこんなに卑劣な犯罪なんだ」ということを視聴者や読者に伝えること。そのために私は呼ばれているのであって、加害者の思いを伝えるために呼ばれているわけではなかった。

もちろんストーカーがどんなに卑劣な行動をとり、相手を苦しめるのかを伝えることも大切なことではある。しかしそれだけでは足りない。

私が訴えたいことはその先にある。

〈ストーカーが卑劣であることだけを伝えても先には進まない。ストーカー犯罪をなくしていくためには更生支援が必要なんだ〉

だからこそ実名、顔出しで語っていかなくてはいけないと思っていた。

もちろん、元加害者として顔と名前を晒《さら》し、ストーカーについて語るのには怖さもある。ストーカー行為をしていたことに対する批判もあるだろう。さらには「アブないやつ」として人から避けられるかもしれない。批判を超えて、誹謗中傷や嫌がらせ、ときには暴力などを受けるかもしれない。

そしてなにより私が語ること自体で被害者を傷つけることになるかもしれないという思いもある。

しかし現状のままの加害者対応では、被害者にとっても根本的な解決にはつながらないことは明白だ。ストーカー被害、さらにはストーカーによる凶悪事件を止めるためには、加害者の更生が絶対に必要であり、加害者自身がその行動や心理を語ってこそ、現状を超えた対策に結び付く可能性がある。

〈どんな目で見られてもかまわない。どんな扱いをされてもしょうがない。それでもやるしかない〉

それが私にできる唯一の社会貢献だと思い、覚悟を決めた。メディアに、そして世間に対して、腫れ物に触れさせる機会を与える決意を固めた。

しかしメディアにおいてそうした機会はなかなか巡ってこなかった。

私はなんとか多くの人に活動を知ってもらうために、ブログやSNS、YouTubeなどのインターネットメディアを使って、情報発信を続けていた。

そして二〇一七（平成二九）年二月、インターネットTVプラットホームのAbema TVの『Abema Prime（略称アベプラ）』への出演依頼の電話が入った。

「ストーカー加害者側の視点から語ってほしい」

それは東京・小金井市で起きたストーカー殺人事件の初公判が開かれたことから、ストーカー心理について加害者の立場で話してほしいというものだった。

私のブログをはじめ、ホームページなどを見て、番組は私に連絡をしてきてくれた。

そして、私は初めてメディアで実名、顔出しで語ることが許された。

番組ではストーカーの心理や、私の過去など、隠すことなく語った。元加害者がストーカー側の言い分を語ることに、出演者も戸惑いがあったようにも思う。

私は自分の経験を含め、加害者を本当にストーカーから脱却させるためには更生支援が必要だと話した。ただ厳罰化するだけでは再びストーカー行為に及ぶ可能性があることも伝えた。

「ストーカーから回復させることはできるんですか？」

出演者の一人が聞いた。

「自分の手中に収めたいという気持ちが強いので、それをなくすことは簡単じゃないです」

「では、どうすればいいんですか？」

「しっかりとした更生支援がなければ難しいです」

「守屋さんはどうしてやめることができたんですか？」

私は行き場もなく、苦しみの末にアドラー心理学と出合い、ストーカーから脱却できたことを話した。

「ストーカーから脱却するには加害者も地獄の苦しみがあるんです」

私が脱却の難しさを説明しようと苦しみを言葉にした時、出演者の一人がすかさず言った。

「だけど被害者はそれ以上に苦しんでいますからね」

まさしくその通り。被害者の苦しみを取り除くこと以上に重要なことはない。それを忘れているわけではないし、そのために活動している。

しかし、それを言われたことが実名顔出しで語る場では一番堪えた。

元加害者であるという自覚がある私には、加害者の苦しみを訴えることがはばかられる気がした。もうその場で返せる言葉はなかった。

加害者側の立場で語ることの難しさを知った。

ただ元加害者として出演できたことは前進だった。

このアベプラの出演を機に、さまざまなメディアから声が掛かるようになり、実名顔出しで出ることも増えていった。

そうした状況の中で時は過ぎ、二〇二三（令和五）年一月、福岡県のＪＲ博多駅前でストーカー殺人事件が起こった。

この事件は、別れ話の結果、加害者の男が女性に対しストーカー行為を繰り返した。被害女性は警察に相談し、男に対して禁止命令が出されたが、それに逆上したことが犯行のきっかけになったといわれている。

私はこの事件が発生した直後から、元ストーカーとして、加害者更生支援に関わる者として、実名顔出しで、複数のニュースやワイドショーなどから出演やコメントを求められた。

過去のストーカー殺人事件では、メディアは警察の対応の不手際や法律の問題などに言及することが多かったが、この事件では、これまでと少し違っていた。

どうすれば加害者を止めることができるのかという論点から、加害者の更生支援についての意見を求められることが増えた。メディアのストーカーに対する認識が変化してきているように感じている。

とはいえ、世間の見方はまだまだ厳しい。

「元ストーカーの専門家を出すなんて不謹慎だ」

そんな言葉がSNSやネットニュースで数多く流れた。

元ストーカーとはいえ、加害者側の話を聞くことだけで虫唾《むしず》が走る人がいるのはわからなくはない。

しかし、被害者を本当の意味で救出するには、ストーカーの行動や思考、感覚を理解することがその第一歩だと思う。

付け加えておくが、それはストーカー加害者に対して共感を持ってほしいということでもなければ、優しくしてほしいということでもない。ストーカーという犯罪が、どのような被害を生み出すのか、その本質を理解してもらいたいと思っている。

そのために私のような元加害者がメディアに出て、加害者視点で語ることは必要悪なのだと思っている。

この先もきっと批判されることもあるだろう。

しかし、私はメディアで語り続けていく。

■活動の広がり

ストーカーの更生支援活動を始めてあっという間に八年の時が過ぎた。

最初はたった一人で始めた活動だったが、多くの人の協力を得て、活動の幅は広がってきた。そのなかで活動の幅を大きく広げさせてくれたのが、結のぞみ病院の医師である中元先生との新たなつながりだった。

活動開始当初は、一人だけで取り組みを進めていた。その中心はカウンセリングで、基本的に一対一の対面で行っていく。

私の場合は、まず本人にストーカー行為について振り返ってもらう。どのようなことをしてきたのかを細かく振り返り、気持ちや行動を言葉にしていく。そのなかでしっかりとストーカー行為について認識をしてもらっている。

そして指導や助言を行っていくのだが、加害者に対してただ話を聞いてもらうだけでは終わらせない。その場はわかった気になっても、すぐに忘れてしまうからだ。

そこで、まずその日に理解したことをレポートとしてアウトプットしてもらっている。

これはとても大事なことで、他人に伝えるためには、自分の行為を振り返り、どこが悪かったのか、どうしてだめなのかを客観的に理解しなくてはならない。

それができてくると、自分の知識として記憶に残すことにつながっていく。その積み重ねがストーカーからの脱却に結び付いていくことになる。

ただ、カウンセリングを受けたからといって、だれもがスムーズに回復していくわけではない。

ストーカーになる原因は、さまざまな要因が複雑に絡み合って引き起こされているため、一人ひとり違ってくる。幼少期の生活や家庭環境に原因がある場合もあるし、認知のゆがみや精神疾患が関わっている場合もある。そのため、カウンセリングだけで対応するには限界も出てくる。

とはいえ活動開始当初はそこまで深刻な案件が舞い込んでくることはなかった。しかし、活動を続けているなかで、実際に私のもとにも手に負えない相談が舞い込んできた。

それは関東に住む加害者家族からの相談だった。もともと入院していた精神科病院で医師に対してストーカー行為を働き、そこにいられなくなったのだという。

こうした加害者に対してカウンセリングだけの対応は難しい。医療機関での専門的な治療がなければどうすることもできない。

もちろん私自身が精神科医療に対して不信感を持っているのではあるけれど、カウンセリングだけではどうにもできない現実があることも肌で感じていた。

私はストーカー加害者の受け入れに対して前向きな病院を探して、関東近辺の精神科病院に問い合わせた。

しかしどこも受け入れてはくれない。中部地方の精神科病院にも問い合わせてみたが、やはりだめだった。

信頼できる医療機関が見つからない中で、私が通院を断り、さらに入院することもキャンセルした大阪の結のぞみ病院の中元先生に恥を忍んで相談した。

先生は相談者とも話をして、緊急性が高いと判断。受け入れを承諾してくれた。そしてすみやかに入院となった。

中元先生の対応は、問い合わせをしたほかのどの精神科病院とも違っていた。もちろん私のことを知っていたということもあるとは思うが、話をする中で、患者に向き合おうとする姿勢がひしひしと伝わってきた。私は救われた思いがした。

それ以来、入院が必要と考えられる加害者に対して、何度も入院の受け入れを相談させてもらった。中元先生はその都度、親身になって対処法を考えてくれ、多くの加害者の入院を受け入れてくれている。

そうした関係性を続ける中で、中元先生は私の活動にも関心を示してくれ、気に掛けてくれるようになった。

私は一対一のカウンセリングのほかに、加害者のグループワークもスタートさせた。

それは、加害者が集まり、ストーカーについて全員で考えるという取り組みだ。

グループワークでは過去のストーカー行為について、全員が告白する。そのとき何を考えていたのか、どうしてそんな行動をしたのかなど、細かく振り返ってもらう。当然そうした他人のストーカー行為を加害者全員が聞くことになる。

他人の話を聞くことは、ストーカーという存在や行為、思考などを客観的に捉えるいい機会になる。だから参加者は自分の行為について受け入れられずにいても、他人の行為であれば判断がつく。

そしてその中に気付きが生まれる。

「もしかして自分も一緒かもしれない」

「この人の問題点はこうだ、自分と状況が似ているかもしれない」

他人の話から自分の行いを知ることにつながっていく。

もちろん主宰している私も、この本で明かしたように過去の行為を包み隠すことなく参加者に話す。

参加者の多くは「ひどすぎる」と言うものの、そこからストーカー思考について深く学んでいく。

もちろん最初から私のようにすべてをさらけ出せる参加者は少ない。それは自分の行いのひどさを受け入れきれていないことも要因にある。

そうして回を重ねるごとに、自分と向き合い、自分の行為を客観的に振り返れるようにもなっていく。

それがグループワークの良さでもある。

そして、この活動に対して、中元先生もかかわってくれるようになった。実際に会に参加してくれ、医学的立場から参加者へのアドバイスや助言をしてくれることもある。

さらに更生プログラムを整えていくなかで、医療的な治療とカウンセリングという体制づくりの力にもなってくれるようになった。

そして二〇二二年春には、ストーカー・リカバリー・サポートの活動に対しての連携医療機関として中元先生の所属する結のぞみ病院が正式に協力してくれることになった。

現在、ストーカー加害者の更生支援に対して、医療機関が協力してくれるようになったことで、ストーカー加害者に対して、より素早く、適切な対応を取りやすくなった。

また、ストーカーで入院した患者に対しては、裁判が行われていることもある。そうした患者の身元引受人は通常家族などが担うことになるが、何度も繰り返すような場合、家族でも認められないこともある。

そうした際に、私が身元保証人になるケースも出てきた。

裁判に出廷し、被告人の身元保証人としてカウンセリングを続けること、さらにはスマートフォンにGPSを入れさせ、必ず毎日連絡を取ることなどを証言し、身元を引き受けることもある。

元加害者として実名、顔出しでスタートさせた加害者の更生支援活動は、徐々に活動の幅を広げている。

とはいえ、ストーカー犯罪を食い止めるには、この活動だけではまだまだ足りない。

ストーカー規制法の改善、警察や医療の問題、GPSの装着、カウンセリングや医療機関での治療の義務化といった対策の強化など、やるべきことはまだまだある。

ストーカー殺人や犯罪はこれからもきっと繰り返される。それをなんとしても食い止めたい。

私は一生、ストーカー加害者の更生支援活動を続けていく。

そしてもっと多くの人にストーカーのリアルを知ってもらおうと思っている。

おわりに●私はもうストーカーではないのか

私の過去を包み隠さずに語ってきたが、まずここで断っておきたいことがある。

当時の私の記憶はすべてストーカーとしての感覚、視点、思考によるものであり、客観的な事実とは異なる点があるかもしれない。ストーカーとして世界を捉えていたため、事実がゆがんでいる可能性はどうしても否定できない。

だからといって決して私の過去の行為を美化したいわけでも、正当化したいわけでもない。私が今回重点を置いて記述したのは、ストーカーの思考や行動、感情の流れなど、その粘着性だ。その点においては決してうそ、偽りはない。

もちろん被害者からすれば、まったく違った見解になることも承知している。できる限り被害者に関する記述については、私のストーカーとしての行動や感情の流れなどが変わらない程度に変更を加えているが、配慮が足りない部分もあると思う。しかし加害者を知ってもらうために必要と考え、記述させていただいた。

それに伴い、読者の受け止め方によっては被害者に落ち度があると捉えられるような部分があるかもしれないが、決して被害者に落ち度はない。すべて私の行為、行動が原因であり、その責任もすべて私にある。その点だけはご理解願いたい。

さて、実際に本文を読んでいただき、ストーカーの思考や行動などの一端を知ってもらうことはできただろうか。

そして、ストーカーの本当の怖さはどこにあるのか、わかってもらえただろうか。

ストーカーの認知件数は毎年二万件ほどあるが、その多くが警告や禁止命令によって表面的な動きが見えなくなることに本当の怖さが潜んでいる。被害者の陰で、執着を捨てられない加害者たちが思いのはけ口を探して、人知れずのたうち回っているのだから。

それは表面化しないことがほとんどではあるが、おそらくほとんどのストーカー加害者が執着を捨てきれずに日々を過ごしている。警告や禁止命令が出たことだけできれいさっぱり忘れられる人はまずいない。それがストーカーなのだ。

被害者にとっての恐怖の根源は、この〝粘着〟にこそある。

警告や禁止命令によって姿を見せなくなった加害者。ストーカー行為を実際にしないとしても、それは被害者にはわからない。ただ目の前に現れない時間が永遠に続くだけなのだ。

実際に目の前に現れる恐怖と、ずっと現れない恐怖。被害者は抱え続けることになる。そして目の前に現れてしまったとしたら、それは最悪の時なのかもしれない。

この恐怖をいったいどうすれば拭《ぬぐ》い去ることができるだろう。

それは加害者が〝粘着の人〟から本当の意味で脱却するしかない。医療機関での治療や更生支援施設でのカウンセリングなどによって、ストーカー自身が自分と向き合うことがなければ、その気質が消え去ることはない。

そしてそれは決して簡単なことではない。


私もストーカーから脱却するために地獄の苦しみを味わった。そして脱却をあきらめなかったことでようやく道は開けた。

そして今、私は過去の自分を晒し、加害者の更生支援にあたっている。

この今の私は、あなたの目にどのように映っているのだろう。

もうストーカーではないと信じてくれるだろうか。

半信半疑かもしれない。

いや、絶対に信じることはできないと思われているかもしれない。

「ストーカーはどこまでいってもストーカーでしょ」

そんな声も聞こえてきそうだ。

今、「本当にストーカーから回復しているのか」「この先もう二度とストーカーになることはないのか」という問いに対して、私がいくら「もうストーカーではない」と言っても、残念ながら、それを保証するものはどこにもない。

実際のところストーカー加害者がストーカーでなくなることは本当に難しい。決して一筋縄ではいかないのも事実だ。

また、本当に回復していたとしても、それを判断する客観的な物差しもない。こう言ってしまうと元も子もないのだが、それが現実だ。

当然、私に関してもそうだ。

ただ、それでも私は二度とストーカーになることはないと自信をもって言える。最後のストーカー行為から八年を超える。その間、女性に対して執着したということもない。もちろんこれからもそれを続けていく。

そして私は今後も元ストーカーとして実名、顔出しで自分を晒し、加害者の更生支援活動に取り組んでいく。多くの人に私の生き様を見せるなかで、再びミイラ取りがミイラになるような恥ずかしい真似ができるはずがない。

それよりなにより、私が元加害者として語ること、行動することで、ストーカー犯罪をなくしたい。被害者を減らしたい。それが私の過去の行いに対する贖罪でもあるし、社会に対する責任だと思っている。

できることはまだまだ小さいけれど、毎日をただ積み重ね、ひたすらにこれからも加害者の更生支援活動を続けていくこと、それが「私がストーカーではない」という証を示す唯一の方法だと信じている。

これまでに多くの人が私に協力してくれた。私はその人たちを裏切りたくない。さらに私がこれまでに関わってきた加害者たち、今も関わる加害者たちも裏切りたくない。そしてなによりも私が被害を与えた方々も。もう誰のことも裏切りたくない。

だからこそ私がストーカーから脱却できることを身をもって示していく。

二〇二三年七月にはＹｏｕＴｕｂｅチャンネル『街録チャンネル』に出演し、過去の行為を話した。そこに寄せられるコメントには、私のことをまったく受け入れられない人、半信半疑の人が大勢いた。そして辛辣《しんらつ》なコメントも多数いただいた。

今はそれでかまわない。たとえ、私が気に入らなくてもいい、受け入れたくなくてもいい。それでもこの先の私の活動をしっかり見ていてもらいたい。

私はあなたを裏切らない。


そして加害者を知ろうとすること。

それはあなたにお任せするしかない。

二〇二四年一月

守屋秀勝

【著者プロフィール】
守屋 秀勝（もりや・ひでかつ）

1960年、長野県生まれ。
ストーカー専門家から『最も危ないモンスターストーカー』と言われた元ストーカー。
依存症専門病院に入院もしたがストーカーから脱却できず、
相手を「殺そう」という心理にも至った。
その後「アドラー心理学」を通して自身の愚かさに気付き、脱却。
ストーカー・リカバリー・サポートを立ち上げ、加害者更生支援活動を開始した。
テレビ、新聞、雑誌、インターネットなどメディアにも多数出演。
現在は加害者だけでなく、被害者を守る活動も行っている。

粘着の人　ストーカーという名の宿《しゅく》痾《あ》

初版1刷発行　●2024年　3月20日

著　者
守屋 秀勝

発行者
薗部 良徳

発行所
㈱産学社
〒101-0051 東京都千代田区神田神保町3-10　宝栄ビル
Tel.03（6272）9313　Fax.03（3515）3660
http://sangakusha.jp/

印刷所
㈱ティーケー出版印刷

ISBN978-4-7825-3592-9 C0036